Harald Barkow

Reihe Fischer

SFV

Kurt Jürgen Huch

Einübung in die Klassengesellschaft

Über den Zusammenhang von Sozialstruktur und Sozialisation

S. Fischer

Lektorat: Hans Jürgen Koch/Hans-Jürgen Schmitt

Erstausgabe

Gesamtherstellung Georg Wagner, Nördlingen
Printed in Germany 1972
ISBN 3 10 033801 4

Dem Begleiter
auf dem zweiten Bildungsweg:
Horst Vogel
in Dankbarkeit

Inhalt

Einleitung: Was heißt Sozialisation?

Die moderne Naturwissenschaft, die sich im Grundsätzlichen wesentlich in Opposition gegen Aristoteles entwickelte, hat zumindest *eine* seiner Lehren nachdrücklich bestätigt: die Lehre, daß der Mensch von Natur ein soziales Wesen (phýsei politikón zóon) sei. Sie hat diesen gern zitierten Satz insoweit präzisiert, als sie nachwies, daß die Menschen nicht nur von jeher einen ›natürlichen‹, aus der Lebensnot erwachsenden Impuls zur Vergesellschaftung haben, sondern daß sie überhaupt nur innerhalb einer Sozialbeziehung zu menschlichen Artwesen werden können. Was den Menschen biologisch zum Menschen macht, sind soziale Erfahrungen. Das bedeutet aber, daß er ›von Natur‹ gerade kein Naturwesen, sondern durch und durch *unnatürlich* ist. Kein noch so ›natürliches‹ Verhalten von Kindern oder sogenannten Naturvölkern ist natürlich im Sinn von ursprünglich, nicht sozial geprägt.

Natürlich in diesem Sinn ist allein tierisches Verhalten. Das bedeutet jedoch nicht, daß es willkürlich wäre oder gar ›frei‹. Nist- und Paarungsverhalten, Aufzucht der Nachkommen, Reaktion auf Umweltreize und Feinderkennen sind auch bei höchstentwickelten Tieren sehr weitgehend durch Erbfaktoren festgelegt. Diese genetische Fixierung ist in der Regel das Resultat eines mehr oder weniger starken Umweltdrucks. Tiere haben generell das Bestreben, sich ihrer jeweiligen Umwelt anzupassen bzw. Fähigkeiten zu entwickeln, diese Umwelt zu ihrem Vorteil zu verändern. Derartige Anpassungsprozesse haben zweierlei gemeinsam: Sie vollziehen sich außerordentlich langsam, über viele Generationen hinweg, und sie sind irreversibel, also nicht umkehrbar. Hat sich eine Art einmal in Körperbau und Verhalten auf das Leben in einer bestimmten Umwelt eingestellt, spezialisiert, so kann sie diese Spezialisierung, die ja in der Erbsubstanz verankert ist, nicht wieder rückgängig machen, wenn die Umwelt sich plötzlich verändert; sie stirbt im Extremfall aus. Der Biologe Jakob von Uexküll hat nachgewiesen, daß Tiere in einem artspezifischen, sozusagen unzerbrechlichen ›Umweltgehäuse‹ leben: Ihre angeborenen, instinktiven Reaktionsschemata werden durch nur wenige

Schlüsselreize ausgelöst; ihre Wahrnehmung ist also hochselektiv und erfaßt nur das unmittelbar Lebensnotwendige. Ein berühmtes Beispiel hierfür ist das Zeckenweibchen.[1] Das Tier hat keine Augen, dafür einen allgemeinen Lichtsinn der Haut, der es zur Spitze eines vorstehenden Astes gelangen läßt. Hier verharrt es regungslos; kein einziger Reiz dringt auf es ein, bis unter ihm ein Warmblütler, in der Regel ein Säugetier, vorbeikommt. Den Hautdrüsen der Säugetiere entströmt der Geruch von Buttersäure, auf den hin sich die Zecke herunterfallen läßt. Fällt sie dabei auf etwas Warmes, was ihr ein feiner Temperatursinn verrät, so hat sie ihre Beute erreicht und braucht nur noch mit Hilfe ihres Tastsinns eine möglichst haarfreie Stelle zu finden, um sich einzubohren und Blut zu saugen. »Die ganze reiche, die Zecke umgebende Welt schnurrt zusammen und verwandelt sich in ein ärmliches Gebilde ... – ihre Umwelt. Die Ärmlichkeit der Umwelt bewirkt aber gerade die Sicherheit des Handelns, und Sicherheit ist wichtiger als Reichtum.«[2]
Was für die Zecke gilt, gilt prinzipiell für alle Tiere. Angepaßtheit, Spezialisierung, Instinktsicherheit bestimmen ihr Verhalten. Der Mensch ist in alldem das genaue Gegenteil: unangepaßt, unspezialisiert, instinktunsicher. Er hat deshalb auch keine spezifische Umwelt, keinen geschlossenen Lebensraum, sondern ist, wie der Zoologe Adolf Portmann sagt, »weltoffen«.[3] Was das bedeutet, hat Portmann durch einen Vergleich des Menschen mit seinen Verwandten im Tierreich zu klären gesucht. Wie alle höher organisierten Säuger gehört der Mensch seiner Entwicklung nach zu den *Nestflüchtern,* d. h. zu jenen Tieren, deren Organreifung während einer relativ langen Tragzeit so weit fortschreitet, daß sie bei der Geburt über offene Sinnesorgane und ein ausgebildetes Bewegungssystem verfügen; dies befähigt sie, von Beginn an der Mutter zu folgen und sich mit mehr oder weniger großer Selbständigkeit in ihrer Umwelt zu orientieren. Die *Nesthocker,* zu denen vor allem niedere Säuger gehören, bringen demgegenüber nach kurzer Tragzeit hilflos, oft unbehaarte Junge mit verschlossenen Augen, Ohren und Nasenöffnungen zur Welt, die relativ lange Zeit brauchen, um den Entwicklungsstand eines Nestflüchters zu er-

[1] Vgl. J. von Uexküll und G. Kriszat, *Streifzüge durch die Umwelten von Tieren und Menschen – Bedeutungslehre,* S. Fischer, Frankfurt am Main 1970, S. 6 ff.
[2] Ebenda, S. 13.
[3] A. Portmann, *Biologische Fragmente zu einer Lehre vom Menschen,* Schwabe, Basel und Stuttgart [3]1969, S. 83.

reichen. Bemerkenswert ist, daß der menschliche Embryo, wie der der höheren Affen, eine Zeitlang eine für Nesthokker charakteristische Entwicklung durchmacht: Im dritten Monat verwachsen bei ihm die Augenlider und öffnen sich erst wieder am Ende des fünften. »Würde der Mensch als einfacher Nesthocker geboren, so wie etwa die hilflosen Jungen eines Eichhörnchens oder Marders, so müßte er auf dieser Entwicklungsstufe des fünften Monats etwa zur Welt kommen. In Wirklichkeit reift er aber im Mutterleibe weiter heran zur Stufe des Nestflüchters, des Füllens oder des Kälbchens mit den offenen Sinnesorganen und ausgebildeten Bewegungssystemen; er erreicht eine Stufe der Ausformung, die für alle höheren Säuger kennzeichnend ist.«[4] Und doch ist er, anders als z. B. die Menschenaffen, hilflos – ein *hilfloser* Nest*flüchter.* »Ist es uns bewußt, daß diese Tatsache die Regel der Säugetiere durchbricht?«[5] Wie müßte das menschliche Neugeborene beschaffen sein, um *nicht* diese einzigartige Stellung in der Säugetierreihe innezuhaben? Es müßte in den Proportionen seines Körpers dem Erwachsenen ähnlich sein, eine seiner Art gemäße aufrechte Körperhaltung einnehmen können und über die ersten Elemente der für seine Art charakteristischen Kommunikationsmittel, also der Wort- und Gebärdensprache, verfügen. Diesen Reifegrad, der an Menschenaffen schon zum Zeitpunkt der Geburt beobachtet werden kann, gibt es »in der Tat in unserer Entwicklung: etwa ein Jahr nach der Geburt wird diese Stufe erreicht. Nach einem Jahr erlangt der Mensch den Ausbildungsgrad, den ein seiner Art entsprechendes echtes Säugetier zur Zeit der Geburt verwirklichen müßte. Würde also dieser Zustand beim Menschen auf echte Säugerweise gebildet, so müßte unsere Schwangerschaft etwa um dieses eine Jahr länger sein; sie müßte etwa 21 Monate betragen.«[6] Weil er ein Jahr früher auf die Welt kommt, als es der Kompliziertheit seines Gehirns und seines Nervensystems angemessen wäre, weil er eine »physiologische Frühgeburt«[7] ist, wird der Mensch, wiewohl an sich Nestflüchter, zu einem »*sekundären* Nesthocker«.[8] Extrauterin, außerhalb des Mutterleibes, vollendet er die Entwicklung, die er eigentlich in ihm nehmen müßte. Der größere Teil der embryonalen Reifung vollzieht sich im Kon-

[4] Ebenda, S. 41.
[5] Ebenda, S. 57.
[6] Ebenda, S. 58.
[7] Ebenda, S. 57.
[8] Ebenda, S. 65; Kursivierung KJH.

takt mit der Welt, für die ein solches Wesen eigentlich noch ganz untauglich ist.
Dabei besteht die ›Welt‹, vor allem in den ersten Monaten, fast ausschließlich aus der Mutter – ihrem Körper, ihrer Stimme, ihrer ständigen Gegenwart, ihrer Zuwendung. Diese Zuwendung ist für das Kind *lebensnotwendig*. Das ist, wie die Beobachtungen des Psychoanalytikers René Spitz zeigen, ganz wörtlich zu verstehen: Kinder, die ohne ein Minimum an mütterlicher Zuwendung (»Affektzufuhr«) in Heimen aufwachsen, haben nur relativ geringe Chancen, die ersten Jahre zu überleben, auch wenn sie körperlich, also hinsichtlich Ernährung, Unterbringung und hygienischen Bedingungen, in jeder Weise versorgt werden. Spitz beobachtete 91 Heimkinder, die nach dem dritten Lebensmonat von der Mutter getrennt wurden.[9] Ihre Reaktion auf diesen Verlust war zunächst ein weinerliches, anspruchsvolles Verhalten. Vom zweiten Monat der Trennung an ging das Weinen in Schreien über; es kam zu Gewichtsverlusten, und der Entwicklungsquotient[10] stieg nicht mehr an. Ab dem dritten Monat wimmerten die Kinder nur noch, verweigerten den Kontakt, litten an Schlaflosigkeit und wiesen weitere Gewichtsverluste auf. Sie wurden in erhöhtem Maß anfällig für Krankheiten; ihr Gesichtsausdruck wurde starr und die Bewegungen immer langsamer. Der Entwicklungsquotient begann zu sinken. Gegen Ende des zweiten Lebensjahres betrug er im Durchschnitt 45% der Norm; das entspricht der Stufe des Idioten. Am Ende des vierten Jahres konnten die Kinder, mit wenigen Ausnahmen, weder sitzen, stehen, laufen noch sprechen – soweit sie noch lebten. Von den ursprünglich 91 Kindern waren nämlich im Lauf der beiden ersten Jahre mindestens 34 gestorben (wahrscheinlich noch mehr, weil viele in andere Heime verlegt und dadurch der Beobachtung entzogen wurden). Diese Zahlen illustrieren die Besonderheit des menschlichen Neugeborenen auf drastische Weise: Während ein Tierkind, dessen Mutter nicht zur Verfügung steht, mit einigem Geschick mit der Flasche aufgezogen werden kann, reicht beim Menschen diese rein körperliche Sättigung nicht aus. Wichtiger ist die Sättigung seiner sozialen Bedürfnisse; bleibt sie aus, so kann das Kind trotz bester

9 R. A. Spitz, *Vom Säugling zum Kleinkind*, Klett, Stuttgart 1967, S. 279 ff.
10 Der Entwicklungsquotient ist eine in Analogie zum Intelligenzquotienten gebildete Beziehung zwischen Entwicklungsalter und Lebensalter; d. h., bestimmten Altersstufen werden bestimmte Entwicklungsstufen zugeordnet, die ein durchschnittliches Kind des jeweiligen Alters im Normalfall erreicht.

Pflege verhungern. Wenn der zweite, extrauterine Teil der embryonalen Entwicklung erfolgreich verlaufen soll, muß sich diese Entwicklung zugleich als *soziale* Entwicklung vollziehen. Menschen reifen nur in dem Maße zu vollständigen Artwesen heran, wie sie als Sozialwesen reifen – eben deshalb ist das Artwesen Mensch mit keinem anderen zu vergleichen. Am Ende des ersten Lebensjahres, wenn – bei normaler Entwicklung – der durch die »physiologische Frühgeburt« entstandene Nachteil aufgeholt ist, steht nicht ein Jungtier mit sicheren Instinkten und fester Spezialisierung auf eine bestimmte Umwelt. Wie diese Merkmale bei anderen Tieren irreversibel sind, so scheint beim Menschen das Gegenteil: Unangepaßtheit, Unspezialisiertheit, Instinktunsicherheit irreversibel zu sein. Was *ihn* in seinem Verhalten leitet, sind nicht angeborene Schemata, Reflexe, Instinkte, sondern die Resultate sozialer *Lernprozesse.*

Scheint es also auf diese Weise erwiesen, daß der Mensch ›von Natur‹ ein soziales Wesen ist, so könnte daraus der Schluß gezogen werden, die für seine Menschwerdung unabdingbare erste Sozialbeziehung (zur Mutter) sei etwas ›Natürliches‹; sie verlaufe, weil sie eben ›schlechthin menschlich‹ sei, nach einem grundsätzlich gleichen Muster – von pathologischen Ausnahmen abgesehen. Betrachten wir dazu jedoch die folgenden Beobachtungen an zwei Völkern Neuguineas:

Die *Arapesh* behandeln einen Säugling als ein weiches, verletzliches, kostbares kleines Objekt, das beschützt, genährt, gepflegt werden muß. Nicht nur die Mutter, auch der Vater muß diese übermäßig beschützende Rolle spielen. Nach der Geburt enthält sich der Vater jeder Arbeit und schläft neben der Mutter, und er muß sich, solange das Kind klein ist, jeglichen Geschlechtsverkehrs selbst mit seiner anderen Frau enthalten. Wenn die Mutter umhergeht, trägt sie das Kind unter ihrer Brust in einer Schlinge aus Rindenfasern oder in einem weichen Korb, in dem das Kind sich weiterhin wie einst im Mutterleib zusammenkrümmt. Wann immer es bereit ist zu essen, wird es mit Teilnahme zärtlich gefüttert.[11]

Sobald das Kind zu laufen beginnt, ändert sich der ruhige Rhythmus seines bisherigen Lebens. Es ist jetzt bereits zu schwer, um dauernd von der Mutter getragen zu werden, und kann auch schon eine Weile ohne Saugen an der mütterlichen Brust auskommen. Die Mutter läßt das Kind also in der Obhut des Vaters oder eines anderen Verwandten im Dorf, während sie in den Garten geht oder Brennholz holt. Bei ihrer Rückkehr

[11] M. Mead, *Mann und Weib,* rde 69/70, Reinbek 1958, S. 53.

findet sie häufig ein weinendes und verdrossenes Kind vor und legt es voller Reue für etwa eine Stunde an die Brust. Dieser Rhythmus, der mit einer Stunde Abwesenheit und einer Stunde tröstenden Stillens beginnt, wird allmählich auf längere Perioden ausgedehnt, bis die Mutter schließlich, wenn das Kind etwa drei Jahre alt ist, einen ganzen Tag hindurch abwesend ist, um das Kind, das inzwischen natürlich eine entsprechende Ersatznahrung erhält, am nächsten Tag ununterbrochen in ihrem Schoß zu halten und es trinken oder spielen zu lassen, wann immer es will, und ihm so das Gefühl der Geborgenheit wiederzugeben. Dieses Erlebnis genießt die Mutter ebenso stark wie das Kind. Sobald das Kind alt genug ist, mit den Brüsten der Mutter zu spielen, übernimmt diese eine aktive Rolle im Prozeß des Stillens. Sie hält die Brust in der Hand und bewegt die Brustwarze sanft zwischen den Lippen des Kindes hin und her. Sie bläst in das Ohr des Kindes oder zupft es an den Ohren, schlägt ihm sanft auf die Geschlechtsteile oder kitzelt es an den Zehen. Das Kind lacht und jauchzt und macht aus dem Trinken ein ausgedehntes, behagliches Spiel. Auf diese Weise gibt der Vorgang des Nährens Gelegenheit zu innigsten Liebesbeweisen und führt dazu, daß das Kind am ganzen Körper sensibel gegenüber Zärtlichkeiten wird. Hier wird nicht einem vollständig bekleideten Kleinkind eine kühle, harte Flasche gereicht, die es schnell austrinken muß, um dann sofort einzuschlafen, damit die Mutter von der Last befreit ist, die Flasche zu halten; sondern das Nähren ist für die Mutter wie für das Kind ein langes, köstliches, begehrtes Spiel, in dem die behagliche, warme Liebesfähigkeit eines ganzen Lebens begründet ist.[12]
Mit sieben oder acht Jahren liegt die Persönlichkeit eines Arapesh-Kindes in ihren Grundzügen fest. Jungen und Mädchen ist eine freundliche, vertrauensvolle Haltung dem Leben gegenüber beigebracht worden. Sie haben es gelernt, in den Kreis ihrer Zuneigung jeden einzubeziehen, zu dem sie irgendeine Verbindung haben, und auf jede Verwandtschaftsbezeichnung mit dem Ausdruck der Wärme zu reagieren. Aggressivität gegenüber anderen wurde ihnen als etwas Abschreckendes hingestellt; sie wurden dazu erzogen, Eigentum, Schlaf und die Gefühle anderer Menschen zu respektieren.[13]

Die *Mundugumor*-Frauen verabscheuen geradezu das Kindergebären und mögen Kinder überhaupt nicht. Die Kinder werden in harten, dunklen Körben getragen, die ihre Haut kratzen, und später weit weg von der Brust auf den Schultern der Mutter. Die Mütter nähren ihre Kinder im Stehen und stoßen sie fort, sobald sie halbwegs satt sind. Ein gelegentlich adoptiertes Neugeborenes wird lange hungrig gelassen, damit es heftig an der

[12] M. Mead, *Geschlecht und Temperament in drei primitiven Gesellschaften*, dtv 4034, München 1970, S. 54 f.
[13] Ebenda, S. 70.

Brust einer Frau saugt, bis Milch einschießt. Hier wird ein Charakter entwickelt, der zornige, eifrige Gier betont.[14] Fünfjährige Mundugumor-Kinder werden bereits als Geiseln zu zeitweilig verbündeten anderen Stämmen gesandt, um mehrere Monate unter ihnen zu leben. Der kleine Knabe, dessen Leben verwirkt ist, wenn sich der Kriegsplan ändert, muß das Volk, unter dem er lebt, gut genug hassen können, um ihre Sprache zu lernen und ihre Wege auszuspionieren, damit er später, wenn er größer wird und sie Feinde und nicht Verbündete sind, ein wertvoller Späher im Kriege sein kann. Keine Weichheit, kein Beschütztwerden haben gegen seine Fähigkeit gearbeitet, eine solche Probe zu bestehen. Als sein jüngerer Bruder geboren wurde, mag seine Mutter ihn wieder an die Brust herangelassen haben; zum erstenmal ohne Groll, um des Vergnügens willen, den Kampf zwischen den beiden kleinen Männern zu beobachten ... Der Mundugumor wächst auf, um in einer harten Welt zu leben, aber sein Lachen ist kraftvoll, er grinst, wenn er beschreibt, wie er in das Fleisch seines Feindes beißt. Seine Sage, wie der Tod in die Welt kam, lautet, daß die Menschheit das Geheimnis verlor, den Fluß des Blutes aufzuhalten, und daß damit Wunden tödlich wurden. Er ist von einer Feindseligkeit gegen alle Männer, einer Gewalttätigkeit gegen alle Frauen, die ihn in einer anderen Gesellschaft in die größten Schwierigkeiten bringen würden oder die dort ihren Ausdruck in lichtscheuen und wahrscheinlich kriminellen Handlungen finden müßten, die so fest ineinander griffen, daß sie jeder Umerziehung, Bekehrung oder psychoanalytischen Behandlung Trotz böten. Aber bei den Mundugumor ist das Schema existenzfähig. Jeder Vater zieht einen Sohn auf, der wütend und lachend der Härte des Lebens standhält, weil er den heißen Zorn seiner Kindheit wieder aufleben läßt.[15]

Diese Beschreibungen machen zunächst deutlich, daß von einer ›schlechthin menschlichen‹ Beziehung zwischen Mutter und Neugeborenem, die bei allen Völkern und zu allen Zeiten in prinzipiell gleichen Formen verlaufe, keine Rede sein kann. Sogar bei geographisch nahe benachbarten Gesellschaften weichen die Einstellung zu Kindern, Form und Zeitdauer des Stillens sowie Pflege- und Aufzuchtpraktiken auffallend voneinander ab. Noch bemerkenswerter scheint, daß diese Abweichungen nicht individuell, zwischen Mutter und Mutter, auftreten, sondern daß ›die‹ Mundugumor-Mutter ihr Kind in dieser, ›die‹ Arapesh-Mutter ihr Kind in jener Weise behandelt. Am bemerkenswertesten aber ist vielleicht, daß die verschiedenen Formen der Mut-

[14] *Mann und Weib,* S. 57.
[15] Ebenda, S. 89 f.

ter-Kind-Beziehung Kinder mit völlig verschiedenem Charakter und Verhalten entstehen lassen, wobei auch diese Verschiedenheit wieder eine gesellschaftsspezifische Dimension hat: Aus ›der‹ Mundugumor-Erziehung geht der typische Mundugumor, aus ›der‹ Arapesh-Erziehung der typische Arapesh hervor. Diese kulturanthropologischen Beobachtungen machen es schwer, weiterhin an der – in Deutschland auch heute noch tiefsitzenden – Überzeugung festzuhalten, Charakter, Temperament und Begabung eines Menschen würden *vererbt*. Man müßte andernfalls annehmen (und nachweisen), daß auf relativ engem Raum zwei gesellschaftliche Gruppierungen mit völlig verschiedener Erbstruktur existieren.

Weitaus plausibler ist die Annahme, daß es in jeder dieser Gesellschaften Normen, ›Werte‹ und Traditionen gibt, die für alle Individuen verbindlich sind und in der Erziehung an die nachgeborenen Mitglieder der Gesellschaft weitergegeben werden; je wirksamer dies geschieht, um so näher wird ein Kind dem Bild kommen, das die Gesellschaft sich von einem ›normalen‹ Mitglied ihrer selbst macht. Überraschend mag allenfalls sein, daß solche sozialen Faktoren sogar derart ›natürliche‹ Vorgänge wie das Still- und Pfleverhalten einer Mutter beeinflussen. Dazu braucht man sich aber nur die Tatsache zu vergegenwärtigen, daß diese Mutter nicht aufhört, Mitglied einer bestimmten Gesellschaft mit bestimmten Vorstellungen von ›normal‹ und ›unnormal‹ zu sein, wenn sie schwanger wird und niederkommt. Die Einstellung dieser Gesellschaft zu Kindern etwa, die sie ja teilt, wird sich, weil sie als ›normal‹ gilt, auf das eigene Kind übertragen. Da das Kind seinerseits nicht durch ererbte Instinkte usw. auf ein bestimmtes Verhalten festgelegt, sondern ›von Natur‹ für die Prägung durch soziale Erfahrungen offen ist, da ferner die erste und wichtigste Sozialerfahrung die mit der Mutter ist, werden sich deren Einstellungen und Verhaltensweisen dem Kind besonders nachhaltig einprägen. Damit kommen wir zu einer bedeutsamen Präzisierung: Im ersten Lebensjahr reift der Mensch nicht einfach und allgemein zu einem ›sozialen Wesen‹ heran; er wird vielmehr durch die Mutter bereits jetzt zum Mitglied einer *bestimmten* Gesellschaft oder Gruppe geformt. Diese Funktion wird später, wie in den zitierten Beschreibungen von Margaret Mead schon anklang, auch vom Vater, von Verwandten, älteren Geschwistern, Gleichaltrigen und gesellschaftlichen Institutionen übernommen. Sie alle wirken,

mehr unbewußt als bewußt, darauf hin, daß das Kind die Normen, Wertungen und Verhaltensweisen der sozialen Gruppe übernimmt, in der es aufwächst, daß es insofern ›sozial‹ wird. Zur Bezeichnung dieses ›Sozialwerdens‹ hat sich allgemein der Begriff *Sozialisation* eingebürgert.
Hinter dem Ausdruck ›Sozialisation‹ verbirgt sich also »ein Problem, das im menschlichen Dasein alt und allgegenwärtig ist – das Problem, Kinder so zu erziehen, daß sie hinreichend erwachsene Mitglieder der Gesellschaft werden, der sie angehören ... Sozialisation wird hier als weiter Begriff für den ganzen Prozeß benutzt, durch den ein Mensch – geboren mit Verhaltensmöglichkeiten enormen Ausmaßes – dazu gebracht wird, ein tatsächliches Verhalten zu entwickeln, das innerhalb eines viel engeren Bereiches liegt – des Bereiches dessen, was für ihn im Hinblick auf die Wertvorstellungen seiner Gruppe gebräuchlich und annehmbar ist.«[16] Der französische Soziologe Emile Durkheim, der den Begriff der Sozialisation vor mehr als 70 Jahren prägte, definiert ihn als »die Einwirkung der Erwachsenengeneration auf diejenigen, die noch nicht reif sind für das Leben in der Gesellschaft. Sie zielt darauf ab, beim Kind eine Reihe physischer, geistiger und sittlicher Kräfte zu wecken und zu fördern, die die politische Gesellschaft in ihrer Gesamtheit und das jeweilige Milieu, für das es in besonderer Weise bestimmt ist, von ihm fordern.«[17] Beide Definitionen (es ließen sich ähnliche anfügen) machen vor allem eines deutlich: den *politischen* Charakter der Sozialisation. Die Plastizität, die ›natürliche‹ Offenheit des Kindes für soziale Prägung wird, wie es scheint, von allen Gesellschaften dazu benutzt, diese Prägung in eine ganz bestimmte Richtung zu lenken: Das Kind soll ein Verhalten entwikkeln, das innerhalb der jeweiligen Gesellschaft als wünschenswert und ›normal‹ gilt – auch wenn es, wie sich am Beispiel der von Mead untersuchten Stämme zeigen läßt, in einer anderen Gesellschaft als mehr oder weniger unnormal empfunden würde. Ob dieser politische Aspekt der jeweiligen ›Sozialisationsinstanz‹ (der Familie z. B.) bewußt ist oder nicht, ob sie Erziehung gar als entschieden unpolitisch, gesellschaftlich neutral betrachtet, ist nicht so entscheidend wie die Tatsache, *daß* durch ihr Verhalten, sofern es ›normal‹ ist, die in der betreffenden Gesellschaft

[16] J. L. Child, ›Socialisation‹, in: G. Lindzey (Hrsg.), *Handbook of Social Psychology*, II. Bd., Addison-Wesley, Reading, Mass. 1954, S. 655.
[17] E. Durkheim, *Eduction et sociologie*, Alcan, Paris 1923, S. 50.

vorherrschenden Orientierungen an das Kind weitergegeben, tradiert werden. Indem das Kind das Tradierte aufnimmt, entsteht Tradition. Sozialisation dient also primär dazu, einer Gesellschaft Tradition zu sichern, d. h. die Weitergabe der als ›normal‹ und gültig anerkannten Normen, ›Werte‹ und Verhaltensweisen an die nächste Generation zu garantieren.
Die Soziologie sucht diese Weitergabe mit Hilfe der sogenannten Rollentheorie zu beschreiben.[18] Danach gibt es in jeder gesellschaftlichen Gruppierung eine Anzahl verschiedener Positionen, die im Verlauf des Sozialisationsprozesses einer zunehmenden Differenzierung unterliegen. An diese Positionen sind jeweils bestimmte Verhaltenserwartungen geknüpft, die unabhängig von der Person des Inhabers definiert sind. Sie werden als soziale *Rollen* bezeichnet, die erlernt werden müssen. Unser Verhalten in Gruppen oder Institutionen wird weitgehend durch die übernommene Position und die an sie gebundene Rolle vorgeschrieben. Dabei ist allerdings zwischen ›zugewiesenen‹ und ›erworbenen‹ Rollen zu unterscheiden. *Zugewiesene* Rollen sind diejenigen, welche durch biologische und sonstige Merkmale bestimmt sind, auf die das Individuum kaum einen Einfluß hat: Alter, Geschlecht, Rasse, Abstammung, Verwandtschaftsgrad. Von einem erwachsenen männlichen Mundugumor wird z. B. ein bestimmtes Verhalten erwartet, das von dem eines Kindes oder einer Frau abweicht. Auf diese Erwartungen hat der Betreffende, weil er in die von seiner Gesellschaft vorgesehene Rolle hineinwächst, kaum einen Einfluß. Ob er sich dagegen einen Namen als großer Kopfjäger macht oder lieber fischen geht, steht bis zu einem gewissen Grad in seinem Belieben; die Rolle des bewunderten Kopfjägers ist insofern eine *erworbene* Rolle. Bereits an diesem Beispiel erhellt, daß ein Individuum stets eine *Vielfalt* von Rollen in sich vereinigt, die entweder im Einklang oder im Konflikt miteinander stehen können. Wie weit das eine oder das andere der Fall ist, hängt vom Verhalten der anderen Individuen ab, die ja in bezug auf das Verhalten des ersteren bestimmte Erwartungen hegen. Die Rollentheorie nimmt also ein System von *komplementären* Rollenerwartungen an, in dem ein Handelnder immer zugleich seine eigenen Erwartungen an andere wie deren Erwartungen

[18] Vgl. zum Folgenden H. Fend, *Sozialisierung und Erziehung*, Beltz, Weinheim, Berlin und Basel [3]1970, S. 132 ff.; W. Klafki et al., *Erziehungswissenschaft* (Funkkolleg), Bd. 1, Fischer Bücherei 6106, Frankfurt am Main 1970, S. 265 ff.

an ihn selbst bedenkt. Verhalten sich alle Beteiligten entsprechend den wechselseitigen Erwartungen, also rollenkonform, so ist das soziale System, das sie bilden, im Gleichgewicht; im gegenteiligen Fall ist es gestört. Um ein rollenkonformes Verhalten der einzelnen zu erreichen und damit das Gleichgewicht des sozialen Systems zu erhalten, gibt es eine Reihe von *Sanktionen* – von ›informellen‹ wie Mißachtung, Spott, moralischer Verurteilung bis zu ›formellen‹, wie sie von Priestern, Polizei oder Gerichtsbarkeit verhängt werden.

Sozialisation besteht nach diesem Konzept einfach darin, daß das Kind die Rollenerwartungen lernt, die mit den verschiedenen Positionen innerhalb des sozialen Systems verbunden sind, in welchem es aufwächst – also auch mit den Positionen, die es selbst einmal einnehmen wird –, und daß es auf dieser Grundlage ein möglichst rollenkonformes Verhalten entwickelt. Dabei bleibt außer Betracht, wie das soziale System insgesamt verfaßt ist, d. h. wieviel persönliche Freiheit oder Unterdrückung in ihm herrscht, in welchem Verhältnis Armut und Reichtum in ihm zueinander stehen usw. Rollenkonformes Verhalten etwa in einem totalitären Gesellschaftssystem müßte aber evidentermaßen Unfreiheit und Unrecht vertiefen, die Position der politisch und wirtschaftlich Herrschenden stärken. Gerade sie müssen an der Erhaltung des sozialen ›Gleichgewichts‹, welches die Rollentheorie so stark betont, vital interessiert sein. Von dieser Überlegung her drängt sich der Verdacht auf, daß die Rollentheorie nicht ganz so ›formal‹ ist, wie sie zu sein vorgibt. Indem sie das soziale ›Gleichgewicht‹ mehr oder weniger idealisiert und rollen*divergentes* Verhalten als ›Störung‹ des Gleichgewichts darstellt, stempelt sie notwendig diejenigen zu Abweichlern, zu asozialen Elementen, welche etwa versuchen, ein zwar funktionierendes, aber grundlegende Bedürfnisse und Rechte der Individuen unterdrückendes soziales System zugunsten der letzteren zu verändern.[19]

Gleichwohl steht die rollentheoretische Auffassung von Sozialisation im Einklang mit der (schlechten) geschichtlichen Praxis. Denn in allen Gesellschaften mit politischer

[19] Nicht nur auf gesamtgesellschaftlicher Ebene vermag die Rollentheorie eine Reihe von Vorgängen nur unzureichend zu erfassen, sondern ebensosehr auch auf betrieblicher Ebene. Da sie nur soziale Beziehungen zwischen Individuen kennt, bleibt ein großer Teil der *Arbeitsbedingungen,* z. B. das Verhältnis zwischen Arbeiter und Maschine (vgl. unten S. 33 ff., 46 ff.), außerhalb ihrer theoretischen Reichweite.

oder ökonomischer Herrschaft[20] richtet sich das Interesse der Herrschenden darauf, die sie und ihre Privilegien stützende Gesellschaftsordnung als richtig und ›normal‹ darzustellen und ihr Dauer zu verleihen. Das geschieht am zweckmäßigsten dadurch, daß *ihre* Normen, ›Werte‹ und Verhaltenserwartungen so wirksam wie möglich an die nachwachsende Generation weitergegeben und von dieser als ›Tradition‹ aufgenommen werden. Sozialisation dient insofern der inneren Stabilisierung einer bestehenden Gesellschaftsordnung; sie hat eine wesentlich *konservative* Funktion. Wir sind also an dieser Stelle zu einer weiteren Präzisierung genötigt: Der Sozialisationsprozeß zielt nicht einfach darauf ab, ein Kind zu einem sozialen Wesen oder zum Mitglied einer bestimmten Gesellschaft zu formen, sondern auch und vor allem darauf, *die Struktur dieser Gesellschaft von Generation zu Generation zu konservieren.*
Im vorliegenden Buch soll versucht werden, diese These an *unserer* Gesellschaft zu überprüfen. Dabei geht es, wie nach den obigen Erörterungen klar sein sollte, nicht einfach darum, wie in unserer Gesellschaft Sozialisationsprozesse ablaufen, sondern primär um die Frage, wie die Struktur dieser Gesellschaft, den ›Sozialisationsinstanzen‹ meist kaum bewußt, sich in der Sozialisation eines jeden Individuums mehr oder weniger deutlich durchsetzt[21], so daß es am Ende tatsächlich die ›Rollenerwartungen‹ erfüllt, welche an es

[20] Diese Einschränkung ist insofern notwendig, als gerade die Gesellschaften der Arapesh und der Mundugumor keine erkennbaren Herrschaftsstrukturen aufweisen. Dafür wären an sich eine politische Organisation oder die Konzentration von Produktionsmitteln in den Händen weniger nicht einmal nötig; Herrschaft ist Max Weber zufolge lediglich »die Chance, für einen Befehl bestimmten Inhalts bei angebbaren Personen Gehorsam zu finden« (*Wirtschaft und Gesellschaft,* 1. Halbbd., Kiepenheuer & Witsch, Köln 1964, S. 38). Aber selbst in diesem eingeschränkten Sinn kann hier nicht von Herrschaft gesprochen werden: bei den Arapesh nicht, weil für sie Kooperation und Sanftheit die höchsten Tugenden sind und ›Führerpersönlichkeiten‹ allenfalls Befremden erregen; bei den Mundugumor nicht, weil hier Feindschaft aller gegen alle herrscht, so daß die Chance, für einen Befehl Gehorsam zu finden, denkbar gering ist. Arapesh und Mundugumor bezeichnen insofern Ausnahmen von der Regel, daß die Sozialisation von Herrschaftsinteressen bestimmt wird. Bei ihnen halten die geltenden Sozialisationspraktiken die Stabilität der Gesellschaft aufrecht, ohne daß dies erkennbar im Interesse einer herrschenden Clique geschähe. Daß dieser Fall prinzipiell möglich ist, erscheint auch Arnold Gehlen (›Die Sozialstruktur primitiver Gesellschaften‹, in: A. Gehlen und H. Schelsky (Hrsg.), *Soziologie,* Diederichs, Düsseldorf und Köln ^{6}1966, S. 14) als erwiesen: »Die archaischen Sozialstrukturen können als Ausgangsbestand nur die naturalen Daten des Geschlechts- und Fortpflanzungsverhältnisses gehabt haben. Es ist nun Tatsache, daß die *Institutionalisierung* derselben auch beim Fehlen eigentlich politischer Herrschaftsformen und bei höchst prekären und unstabilen wirtschaftlichen Bedingungen die Stabilität und Kontinuität einer Gesellschaft garantiert.«

[21] »Zu erwarten steht, daß im einzelnen Moment die Struktur und ihre Veränderungen sichtbar werden, die als ganze nicht zu greifen sind, als allherrschende jedoch das Gesetz jeglicher Konkretion bilden. Gelänge es nicht, Gesellschaft aus ihren

gerichtet werden, und zur Stabilisierung der Gesellschaftsordnung beiträgt. Deshalb setzt die Argumentation notwendigerweise bei der Sozialstruktur als Bedingung, als ›unabhängiger Variable‹ an und sucht zu zeigen, auf welche Art sie Bewußtsein, Verhalten und, daraus resultierend, Sozialisationsstile, -inhalte und -ziele bestimmt.

Phänomenen zu interpolieren, so wäre ihr Begriff wahrhaft der Aberglaube, als den manche Positivisten ihn verfemen.« (Th. W. Adorno und U. Jaerisch, ›Anmerkungen zum sozialen Konflikt heute‹, in: H. Maus (Hrsg.), *Gesellschaft, Recht und Politik,* Luchterhand, Neuwied und Berlin 1968, S. 9.

1. Klassengesellschaft?

Unter den Versuchen, die Struktur der westdeutschen Nachkriegsgesellschaft zu beschreiben, hat derjenige Helmut Schelskys besondere Popularität erlangt. Schelsky glaubte um die Mitte der fünfziger Jahre eine allgemeine *Nivellierung* der traditionellen Gegensätze zwischen Ober- und Unterschicht, Besitzenden und Besitzlosen, d. h. Bürgertum und Arbeiterschaft, zu beobachten. Diese Nivellierung betrachtete er als Ergebnis einer gesteigerten sozialen *Mobilität:*

> Wir kennen den Aufstieg ganzer Schichten über das industriell-bürokratische System, die Verbesserungen in der Lage der Arbeiterschaft, das Entstehen eines neuen Mittelstandes der technischen und Büro- und Verwaltungsangestellten, den vielfachen Aufstieg durch Schul- und Berufsausbildung in höhere Berufe; wir kennen auf der anderen Seite auch den Abstieg und die Verarmung der besitz- und bildungsbürgerlichen Schichten durch die geschichtlichen Ereignisse.[1]
> Diese konvergierenden Vorgänge bewirkten einen relativen Abbau der Klassengegensätze, eine Entdifferenzierung der alten, noch ständisch vorgeprägten Gruppen und führten zu einer sozialen Nivellierung in einer verhältnismäßig einheitlichen, kleinbürgerlich-mittelständisch lebenden Gesellschaft, deren nivellierender Konformität sich nur noch wenige und kleine Gruppen entziehen können. Die aus diesen Auf- und Abstiegsvorgängen folgende und dauerhaft gewordene hohe soziale Mobilität sowie die Erfahrung der durch alle gesellschaftlichen Gruppen quer hindurchgehenden Erschütterungen des sozialen Status durch den Krieg und seine Folgen haben die aus der ursprünglichen Verelendung bestimmter Schichten der industriellen Gesellschaft stammenden sozialen Sicherheitsbedürfnisse verallgemeinert und zu einem Kennzeichen der nivellierten Mittelstandsgesellschaft schlechthin werden lassen.[2]

Etwa zur gleichen Zeit, als Schelsky seine These von der »nivellierten Mittelstandsgesellschaft« formulierte (die sich durch verwandte Prägungen wie »Klassengesellschaft im Schmelztiegel«, »pluralistische«, »Wohlstands«-, »Über-

[1] H. Schelsky, *Die skeptische Generation*, Diederichs, Düsseldorf und Köln, [3]1958, S. 38.
[2] Ebenda, S. 223.

fluß«-, »moderne Industriegesellschaft« ergänzen läßt), untersuchten Heinrich Popitz, Hans Paul Bahrdt, Ernst August Jüres und Hanno Kesting die Einstellung westdeutscher Industriearbeiter zum technischen Fortschritt, zu wirtschaftlichen Problemen, zur Mitbestimmung und zur Gesellschaft im allgemeinen.[3] Für fast die Hälfte dieser Arbeiter, soweit sie ihre Einstellung zu formulieren verstanden, galt dabei als ausgemacht: »In der menschlichen Gesellschaft gibt es *ein ›Oben‹ und ein ›Unten‹*, starr, unabweisbar, unabwendbar. Wir, die Arbeiter, gehören zum unteren Teil und können ihm nicht entrinnen. *Denn die anderen sind stärker.*«[4] Der technische Fortschritt wurde hier primär als Bedrohung der eigenen Arbeitsplätze betrachtet, der Betriebsrat als vom »Kapital« korrumpiert und die Mitbestimmung als eine für die Arbeiter nutzlose Einrichtung, die allenfalls den »Gewerkschaftssekretären und Bonzen« zugute komme. Nur relativ wenige Arbeiter sahen die bestehende Gesellschaft als *Klassengesellschaft* an, die evolutionär oder revolutionär zu verändern sei.

Die Befunde von Popitz u. a. schienen also jenen Autoren recht zu geben, die das »Ende des Klassenkampfes« und die »Entideologisierung« der Arbeiterschaft proklamierten; sie standen jedoch in deutlichem Gegensatz zu Schelskys These vom »Aufstieg« der Arbeiter auf ein »kleinbürgerlich-mittelständisches« Niveau, also ihrer – bereits erfolgten oder noch andauernden – Integration in die »nivellierte Mittelstandsgesellschaft«. Nach wie vor fühlte sich ein großer Teil der Arbeiter ›unten‹, unterprivilegiert – z. B. gegenüber den Angestellten –, von der eigentlichen, ›guten‹ Gesellschaft ausgeschlossen, so daß der britische Soziologe Ferdynand Zweig, der selbst die These von der »Verbürgerlichung« der Arbeiter vertrat, vom Fortbestehen eines »Klassenunterbewußtseins« sprach: »Es ... ruht in den verborgenen Spalten des Arbeiterbewußtseins; gespeist wird es durch vergangene Arbeitslosigkeit, Hungerlöhne, ungerechte Behandlung, Klassendiskriminierung, durch den gemeinsamen Kampf gegen Ungerechtigkeit, durch all jene bitteren Erfahrungen, die nun im Schwinden begriffen sind; oft kommt es wieder an die Oberfläche des Bewußtseins – nämlich dann, wenn ein Arbeiter mit Handlungen und Situationen konfrontiert wird, die ihn gewaltsam an seinen Status

[3] H. Popitz, H. P. Bahrdt, E. A. Jüres und H. Kesting, *Das Gesellschaftsbild des Arbeiters,* Mohr, Tübingen [3]1967.
[4] Ebenda, S. 201.

erinnern.«[5] Schelsky selbst hat, offenbar unter dem Eindruck der Popitzschen Erhebungen, eine bemerkenswerte Korrektur an seiner ursprünglichen Auffassung vorgenommen:

Und hier möchte ich auch auf Grund der neueren Untersuchungen zum Klassenbegriff meine These wiederholen, die ich schon 1953[6] geäußert habe, daß die Klassenwirklichkeit unserer gegenwärtigen Gesellschaft kaum noch in realen ökonomischen und sozialen Klassenlagen zu finden, dagegen als Klassenbewußtsein noch weitgehend vorhanden ist. Methodisch stehen wir damit vor der Situation, echte Reste der Klassenwirklichkeit – und ein Klassenbewußtsein ist genauso eine soziale Realität, die das Verhalten der Menschen bestimmt, wie eine ökonomische, politische, rechtliche usw. Klassenlage – durch andere soziologische Theorien erklären zu müssen als durch eine Klassentheorie. Das Klassenbewußtsein als die Realität einer sozialen Vorstellung oder eines sozialen Verhaltens erfordert keineswegs den Klassenbegriff als Grundlage der diesen Tatbestand erklärenden soziologischen Theorie.[7]

Schelsky führt den Widerspruch zwischen den Popitzschen Befunden und seiner These also auf ein ›cultural lag‹ zurück: Das Bewußtsein der Arbeiter hinkt der sozialen Wirklichkeit nach; sie haben längst keinen Grund mehr, sich als unterprivilegierte Klasse zu fühlen, tun es aber dennoch. Dazu trägt dreierlei bei: einmal die »Klassenrolle« der Arbeiter im Produktionsprozeß, ferner gewisse »Meinungsstereotype« der Intellektuellen (»in diesem Sinne ist es nicht erstaunlich, daß das ›Proletarierbewußtsein‹ häufig in den politischen Vorstellungen von Intellektuellen am lebendigsten ist«[8]) und schließlich »›Klassen‹vorstellungen als Legende der interessenvertretenden Großorganisationen und ihrer Funktionäre«.[9] Schelsky verzichtet darauf, zur Überprüfung dessen, was er pauschal »Stereotype« und »Legenden« nennt, statistische Daten heranzuziehen, die allein seine Kritik rechtfertigen könnten. Eben diesen Weg wollen wir im folgenden beschreiten.

Für die Struktur einer Gesellschaft ist es nicht unwesentlich, wie Armut und Reichtum in ihr verteilt sind. Objektive

[5] F. Zweig, *The Worker in an Affluent Society*, Herzl Press, New York 1961, S. 135 f.; zitiert nach: F. Deppe, *Das Bewußtsein der Arbeiter*, Pahl-Rugenstein, Köln 1971, S. 15.
[6] In: H. Schelsky, *Wandlungen der deutschen Familie in der Gegenwart*, Enke, Stuttgart, S. 349.
[7] Derselbe, *Auf der Suche nach Wirklichkeit*, Diederichs, Düsseldorf und Köln 1965, S. 361 f.
[8] Ebenda, S. 366.
[9] Ebenda.

Maßstäbe für ›arm‹ und ›reich‹ anzugeben ist jedoch schwierig. Die im vorigen Jahrhundert noch weitgehend legitime Gleichsetzung von ›arm‹ mit ›unselbständig‹ und ›reich‹ mit ›selbständig‹ läßt sich in unserer Zeit nicht mehr bruchlos vollziehen; man braucht nur daran zu denken, daß der Generalbevollmächtigte des Springer-Konzerns, ein ›unselbständiger‹ Angestellter, 1,2 Millionen DM Jahresgehalt bezieht[10], während der ›selbständige‹ Kioskbesitzer oft nicht das Existenzminimum erreicht. Statistiken, die die Empfänger des Volkseinkommens in Selbständige und Unselbständige unterteilen, sind daher mit Vorsicht zu genießen – sie führen unter den ersteren notwendig auch die um ihre Existenz kämpfenden Kleinstunternehmer auf, die das Unternehmereinkommen insgesamt herunterdrücken, und unter den letzteren die leitenden Manager mit ihren Riesengehältern, die das Arbeitnehmereinkommen hinaufschnellen lassen.

Trotzdem ist die so verfahrende Statistik noch aufschlußreich genug.[11] Betrachtet man die Entwicklung der Jahre 1950–1968, so ist in diesem Zeitraum die Zahl der *Erwerbstätigen* in der Bundesrepublik von 20 auf 26,3 Millionen gestiegen. Die Zahl der *Unselbständigen* erhöhte sich im gleichen Zeitraum von 13,7 auf 21,3 Millionen. D. h., daß im Jahre 1950 68,5% der Erwerbstätigen Unselbständige waren, im Jahre 1968 aber bereits 81%. Diese 81% unselbständigen Erwerbstätigen erhielten 1968 187 Milliarden DM an Nettolöhnen und -gehältern. Das Volkseinkommen betrug in diesem Jahr aber 402,5 Milliarden DM. Das bedeutet, daß auf mehr als vier Fünftel der Erwerbstätigen lediglich 46,5% des Volkseinkommens entfielen. Bemerkenswert an dieser Zahl ist aber vor allem, daß sie seit 1950 fast *konstant* ist; damals betrug sie 46,3%. 68,5% der Erwerbstätigen erhielten also 1950 einen fast genauso hohen Anteil am Volkseinkommen wie 81% im Jahre 1968. D. h., daß der prozentuale Anteil des einzelnen Lohn- und Gehaltsempfängers nicht gestiegen, sondern *gesunken* ist. Ein Vergleich der durchschnittlichen Bruttowochenverdienste der Industriearbeiter in den Jahren 1950–1967 macht dies deut-

[10] Vgl. J. Huffschmid, *Die Politik des Kapitals. Konzentration und Wirtschaftspolitik in der Bundesrepublik,* edition suhrkamp 313, Frankfurt am Main [6]1971, S. 12.

[11] Vgl. zum Folgenden J. Huffschmid, a. a. O., S. 11–63. Huffschmid stützt sich primär auf das *Statistische Jahrbuch für die Bundesrepublik Deutschland,* auf die *Monatsberichte* der Deutschen Bundesbank, auf das *Jahresgutachten 1968 des Sachverständigenrates zur Begutachtung der gesamtwirtschaftlichen Entwicklung* u. a.

lich: Der Durchschnittswochenlohn betrug 1950 61 DM, 1967 199 DM, also etwas mehr als das *Dreifache*; im gleichen Zeitraum stieg das Bruttosozialprodukt von 97,9 auf 483,9 Milliarden DM an, *verfünffachte* sich also. Was das Verhältnis der Nettoeinkommen von Selbständigen und Unselbständigen direkt angeht (bei welchen man sich der im vorigen Absatz formulierten Einschränkungen erinnern sollte), so ist folgende Tabelle[12] dafür aufschlußreich:

Tabelle 1: Haushaltseinkommen nach Anzahl der Personen und sozialer Stellung des Haushaltsvorstands 1962/63, in DM pro Monat.

	1 Person	2 Personen	3 Personen	4 Personen	5 Personen	Zusammen
Selbständiger	901	1366	1614	1794	1942	1589
Landwirt	654	765	1065	1224	1355	1195
Beamter	889	1094	1111	1243	1394	1174
Angestellter	664	1091	1142	1243	1390	1097
Arbeiter	462	737	824	852	955	794
Nichterwerbstätiger	343	614	907	963	1111	575

»Das bedeutet, daß ein Selbständigenhaushalt unabhängig von der Zahl der Personen, die ihm angehören, über ziemlich genau das doppelte Haushaltsnettoeinkommen verfügt wie ein Arbeiterhaushalt.«[13]

Die unterschiedliche Verteilung der Haushaltseinkommen macht sich besonders bei der *Spartätigkeit* bemerkbar. Nach einer Ermittlung des Statistischen Bundesamtes[14] war ein durchschnittlicher Renten- und Sozialhilfeempfänger-Haushalt mit geringem Einkommen im Jahre 1967 außerstande, mehr als höchstens 5% dieses Einkommens zu sparen, was einem monatlichen Sparbetrag von 20 DM entsprach. Bei Haushalten mit mittlerem Einkommen lag dieser Betrag bei 98 DM; das sind weniger als 10% des Einkommens. Ungleich höher ist der Betrag, den Haushalte mit hohem Einkommen sparen können – er lag 1967 bei 324 DM oder fast 17% des Nettoeinkommens. Der Betrag, welcher Haushalten mit hohem Einkommen zur Vermögensbildung zur Verfügung steht, ist also mehr als *dreimal* so hoch wie derjenige bei mittleren und *sechzehnmal* so hoch wie derjenige bei

12 Aus: *Statistisches Jahrbuch für die Bundesrepublik Deutschland 1967*, S. 495, teilweise zitiert nach: J. Huffschmid, a. a. O., S. 16.
13 J. Huffschmid, a. a. O., S. 17.
14 Vgl. *Statistisches Jahrbuch für die Bundesrepublik Deutschland 1967*, S. 472 f.

geringen Einkommen. Ein Blick auf das Verhältnis der Sparquoten von Rentnern, Arbeitnehmern und *Selbständigen* zeigt, daß es prozentual fast genau dem hier wiedergegebenen entspricht, wenn auch die absoluten Zahlen, einer Berechnung der Deutschen Bundesbank zufolge[15], nicht ganz so auffallende Unterschiede aufweisen: Im Durchschnitt der Jahre 1960–1967 betrug das verfügbare Jahreseinkommen pro Rentnerhaushalt 6580 DM, pro Arbeitnehmerhaushalt 13 150 DM und pro Selbständigenhaushalt 17 550 DM; davon wurden (in der angegebenen Reihenfolge) gespart 320 DM, 1310 DM und 3020 DM, was Sparquoten von 4,8%, 9,7% und 17,2% entspricht. »Der kumulative Effekt der Ersparnisbildung besteht darin, daß die Selbständigen nicht nur aus einem höheren Einkommen den gleichen Teil sparen wie die Unselbständigen – dann bliebe die Struktur der Vermögensbildung die gleiche wie die Struktur der Einkommensverteilung –, sondern daß sie einen höheren Teil des höheren Einkommens sparen, wodurch sich die Proportion der Vermögensbildung um ein weiteres Mal zu ihren Gunsten verschiebt: eine doppelt so hohe Sparquote, angewandt auf ein eineinhalbmal so hohes Einkommen, ergibt eine dreimal so hohe absolute Ersparnis.«[16]

Auf der Grundlage dieser Daten darf nicht verwundern, was Wilhelm Krelle u. a. 1968 über die *Vermögensverteilung* in der Bundesrepublik ermittelten:

Von dem gesamten 1950 bis 1963 gebildeten Vermögen der privaten Haushalte entfielen auf die Unselbständigen 56% (Arbeiter 17%; Angestellte 19%; Beamte 7%; Rentner 13%), auf die Selbständigen 44% (Landwirte 6%; übrige Selbständige 38%). Die Pro-Kopf-Vermögensbildung 1950 bis 1963 betrug bei den Unselbständigen 3200 DM (Arbeiter 2100 DM; Angestellte 4800 DM; Beamte 6800 DM; Rentner 2900 DM), bei den Selbständigen 12 700 DM (Landwirte 3400 DM; übrige Selbständige 22 000 DM). In diesen Zahlen zeigt sich besonders die Ungleichheit der Vermögensbildung.[17]

Die Ungleichheit zeigt sich noch pointierter, wenn man die Verteilung der *Spitzen*vermögen betrachtet, wie sie aus folgenden Tabellen hervorgeht[18]:

[15] Vgl. Deutsche Bundesbank, *Monatsberichte*, Juli 1968, S. 4 f.
[16] J. Huffschmid, a. a. O., S. 22 f.
[17] W. Krelle, J. Schunck und J. Siebke, *Überbetriebliche Ertragsbeteiligung der Arbeitnehmer. Mit einer Untersuchung über die Vermögensstruktur der Bundesrepublik Deutschland*, Mohr, Tübingen 1968, Bd. I, S. 489.
[18] Tabelle 2 aus: *Wirtschaft und Statistik*, 12, 1968, S. 588; Tabelle 3 aus: W. Krelle u. a., ebenda, Bd. II, S. 378. Beide zitiert nach: J. Huffschmid, a. a. O., S. 32.

Tabelle 2: Steuerliche Großvermögen natürlicher Personen am 1. Januar 1966.

Vermögensgruppe von ... bis ... Mill. DM	Anzahl der Steuerpflichtigen absolut	in %	Gesamtvermögen (Mill. DM) absolut	in %
1–2,5	10 841	70,4	16 270	32,9
2,5–5	2 886	18,7	9 866	19,9
5–10	1 082	7,0	7 463	15,1
10–20	393	2,6	5 385	10,9
20–50	152	1,0	4 251	8,6
50–100	28	0,2	1 810	3,7
100–200	16	0,1	2 163	4,4
200 und mehr	6	·	2 220	4,5
	15 404	100,0	49 428	100,0

Tabelle 3: Anteile der oberen Vermögensgruppen am privaten Gesamtvermögen in der Bundesrepublik und in Westberlin am 1. Januar 1960.

Gesamtvermögen von ... bis ... DM	Zahl der Haushalte	in % aller Haushalte	Gesamtvermögen der Klasse in Mill. DM	Anteil am Gesamtvermögen in %
über 10 Mill.	460	0,0026	12 170	4,01
1–10 Mill.	13 540	0,0758	27 810	9,17
0,1–1 Mill.	291 000	1,627	66 550	21,92
unter 0,1 Mill.	17 585 000	98,295	197 070	64,90
	17 890 000	100	303 600	100

Bereits 1960 also entfielen auf 1,7% aller Haushalte in der Bundesrepublik 35% des gesamten privaten Vermögens; dabei verfügten weniger als 0,1% über 13% des privaten Vermögens. Daß dieser Konzentrationsprozeß zugunsten der Besitzenden und zuungunsten der Besitzlosen weitergehen wird, ist für die Experten nicht zweifelhaft:

Da die kleinen Einkommen fast vollständig zu Verbrauchsausgaben verwendet werden, während ein sehr erheblicher Teil der großen Einkommen gespart wird, da andererseits die hohen Einkommen vorwiegend aus Gewinn und Zinseinkommen bestehen, also Besitzeinkommen sind, fällt zwangsläufig (in jeder unternehmerischen Wirtschaft) der weitaus größte Teil des jeweils neu geschaffenen Volksvermögens denjenigen zu, welche bereits besitzen. Wer hat, dem wird gegeben![19]

Und umgekehrt:

Im Laufe der wirtschaftlichen Entwicklung hat sich zweifellos die Menge und Qualität des ›Notwendigen‹ geändert; Tatsache bleibt jedoch, daß wenig übrigbleibt, was der Arbeiter sparen, wodurch er Vermögen bilden und somit selber Kapitalist werden könnte. Der Arbeiter muß heute wie vor hundert Jahren Arbeitskraft verkaufen; er bekommt dafür einen Lohn, den er wie vor hundert Jahren zum größten Teil verbrauchen muß, so daß er immer wieder sich gezwungen sieht, seine Arbeitskraft zu verkaufen. An dem Mechanismus der relativen Verarmung durch Ausbeutung und dem Zurückbleiben des Arbeiters hinter dem tatsächlichen (und erst recht dem potentiellen) materiellen Fortschritt der Gesellschaft hat sich nichts geändert.[20]

Daß die Einkommens- und Vermögensverteilung in der Bundesrepublik Klassencharakter hat, der sich klar erkennbar verstärkt[21], bedeutet zunächst, daß von einem materiellen »Aufstieg« der Arbeiterschaft auf ein »mittelständisches« Niveau nicht gesprochen werden kann. Die populäre Ansicht, daß es ›dem Arbeiter‹ noch nie so gut gegangen sei wie heute, ist richtig, geht aber meist mit Unkenntnis der Tatsache einher, daß es Angestellten, Beamten und vor allem Selbständigen noch ungleich viel *besser* geht als je zuvor. Übrigens ist eine materielle Statusverbesserung der Arbeiter von den Klassikern der Arbeiterbewegung für durchaus möglich gehalten, jedoch keineswegs als Widerlegung ihrer Theorie empfunden worden: »Unter den bisher unterstellten, den Arbeitern günstigsten Akkumulationsbedingungen«, heißt es im Marxschen *Kapital,* »kleidet sich ihr Abhängigkeitsverhältnis vom Kapital in erträgliche oder, wie Eden sagt, ›bequeme und liberale‹ Formen. Statt intensiver zu werden mit dem Wachstum des Kapitals, wird es nur extensiver, d. h. die Exploitations- und Herrschaftssphäre des Kapitals dehnt sich nur aus mit seiner eigenen Dimension und der Anzahl seiner Untertanen.

[19] C. Föhl, *Kreislaufanalytische Untersuchungen der Vermögenbildung in der Bundesrepublik und der Beeinflußbarkeit ihrer Verteilung,* Mohr, Tübingen 1964, S. 40.

[20] J. Huffschmid, a. a. O., S. 24.

[21] Nach einer Meldung der *Frankfurter Allgemeinen Zeitung* vom 27. 7. 1971 (Nr. 170, S. 13) hat sich, den Erhebungen von Krelle u. a. zufolge, die Konzentration des Produktivvermögens (= Betriebsvermögen + Kapitalanteile) weiter verstärkt: Am 1. 1. 1966 betrug der Anteil des in den Händen von 1,7% der privaten Haushalte konzentrierten Produktivvermögens 73,5% gegenüber rund 70% am 1. 1. 1960. Im gleichen Zeitraum hat sich die Zahl der westdeutschen Millionäre mehr als verdoppelt: Sie betrug am 1. 1. 1960 rund 14 000, am 1. 1. 1966 rund 30 000.

Von ihrem eignen anschwellenden und schwellend in Zusatzkapital verwandelten Mehrprodukt strömt ihnen ein größerer Teil in der Form von Zahlungsmitteln zurück, so daß sie den Kreis ihrer Genüsse erweitern, ihren Konsumtionsfonds von Kleidern, Möbeln usw. besser ausstatten und kleine Reservefonds von Geld bilden können. So wenig aber bessere Nahrung, Kleidung, Behandlung und ein größeres Peculium das Abhängigkeitsverhältnis und die Exploitation des Sklaven aufheben, so wenig die des Lohnarbeiters.«[22] Die Geschichte der Arbeiterbewegung zeigt, daß die ihrer Lage bewußten Arbeiter dies frühzeitig erkannt haben: Besondere gesellschaftliche Aktivität ist seit dem Beginn der Bewegung nie vom sogenannten Lumpenproletariat, sondern fast immer von hochqualifizierten Facharbeitern der traditionellen Handwerksberufe (Dreher, Drucker, Schriftsetzer u. a.) ausgegangen, deren materielle Lage wenigstens so weit von unmittelbarem Elend entfernt war, daß sie an andere Dinge wie ihre soziale Situation auch nur denken konnten.

Diese Tradition setzt sich bis heute fort. Richard F. Hamilton hat nachgewiesen, daß die kommunistische Gewerkschaft CGT in Frankreich ihren stärksten Einfluß gerade bei der sogenannten ›Arbeiteraristokratie‹, d. h. bei den Spitzenverdienern in den expandierenden Zweigen der Großindustrie hat: Von ihnen sind (um 1966) 36% prosowjetisch eingestellt; 78% empfinden die Gesellschaft als ungerecht, und 46% erwarten eine grundlegende Veränderung der Verhältnisse durch eine Revolution.[23] »Die industriellen Veränderungen, die in Frankreich stattfinden, und die damit verbundenen Bevölkerungsbewegungen arbeiten eher für als gegen die Kommunisten.«[24] Hamiltons Einstellung zur »Aufstiegs«-These ist unmißverständlich: »Der Anstieg des Lebensstandards zwischen 1952 und 1956 produzierte ›wohlhabende‹ Kommunisten, die *nicht* zu dem Wertesystem der Mittelschichten konvertierten.«[25] An dieser Formulierung ist allein die aktivische Form problematisch; sie klingt, als hätten es die Betreffenden in der Hand gehabt, zu »konvertieren« oder nicht. Andere Untersuchungen zeigen, daß von einer derartigen ›Willensfreiheit‹ nicht die

[22] K. Marx, *Das Kapital*, Bd. I, Dietz, Berlin ⁹1960, S. 647 ff.
[23] Vgl. F. Deppe, a. a. O., S. 101.
[24] R. F. Hamilton, *Affluence and the French Worker in the Fourth Republic*, Princeton University Press, Princeton, N. J. 1967, S. 275; zitiert nach: F. Deppe, a. a. O., S. 102 f.
[25] Ebenda, S. 185; zitiert nach: F. Deppe, a. a. O., S. 102.

Rede sein kann. Jean-Marie Rainville, ein kanadischer Soziologe, der Anfang der sechziger Jahre der Frage nachging, inwieweit materielle Statusverbesserungen – steigendes Einkommen, Kühlschrank, Fernsehen, Auto u. a. – zu einer Anpassung der Arbeiter an das ›moderne Leben‹ führen, und der zu diesem Zweck exemplarische Fallstudien an zwölf Arbeiterfamilien durchführte, konnte allenfalls *eine* Willensrichtung feststellen: »Jeder bemüht sich auf seine Weise, nicht mehr Arbeiter zu sein, aber jeder muß sich schließlich damit begnügen, es zu bleiben. Das ist der eigentliche Widerspruch und die Inkonsistenz der Einstellungen und des Verhaltens, das wir beobachtet haben.«[26] Die ›condition ouvrière‹[27], das Arbeiterdasein, scheint unaufhebbar.

Daß für diese Situation neben dem finanziellen Faktor – der *absoluten* Bereicherung, welche eine *relative* Verarmung darstellt – noch andere Faktoren bestimmend sein könnten, geht aus der Schlußfolgerung hervor, die John H. Goldthorpe, David H. Lockwood, Frank Beckhofer und Jennifer Platt aus ihrer Befragung von 229 Spitzenverdienern der Automobil-, Maschinenbau- und Chemieindustrie gezogen haben:

Der Fabrikarbeiter kann sein Einkommen verdoppeln, bleibt aber trotzdem ein Mensch, der seine Arbeitskraft im Austausch gegen Lohn an einen Unternehmer verkauft; er kann vom Fließband an ein Steuerpult überwechseln, ohne daß sich seine untergeordnete Position in der Organisation der Produktion verändert; er kann ein eigenes Haus in einer typischen Mittelklassen-Wohngegend besitzen und dennoch von der Angestellten-Subkultur isoliert bleiben. Kurz: Klassen- und Statusbeziehungen verändern sich grundsätzlich nicht linear mit Veränderungen in der ökonomischen, technologischen und ökologischen Infrastruktur des gesellschaftlichen Lebens.[28]

Damit sind die *betriebliche Hierarchie* und die *Stellung des Arbeiters im Produktionsprozeß* angesprochen.

Die Struktur des Industriebetriebes[29] stellt sich dem Arbei-

[26] J.-M. Rainville, *Condition ouvrière et intégration sociale,* Paris 1967, S. 190 f.; zitiert nach: F. Deppe, a. a. O., S. 97 f.

[27] Vgl. O. Negt, *Soziologische Phantasie und exemplarisches Lernen,* Europäische Verlagsanstalt, Frankfurt am Main 1968, S. 33.

[28] J. H. Goldthorpe, D. H. Lockwood, F. Beckhofer und J. Platt, *The Affluent Worker in the Class Structure,* Cambridge University Press, Cambridge 1969, S. 162 f.; zitiert nach: F. Deppe, a. a. O., S. 87.

[29] Natürlich sind nicht alle Arbeiter in der Industrie beschäftigt (nach H. Jung, ›Zur Diskussion um den Inhalt des Begriffs »Arbeiterklasse« und zu Strukturveränderungen in der westdeutschen Arbeiterklasse‹, in: *Das Argument* 61, 1970, S. 688, von knapp dreizehn Millionen etwa die Hälfte), aber den für die Arbeiterschaft repräsentativen und in der Arbeiterbewegung auch besonders aktiven Typus stellen von jeher die Industriearbeiter dar.

ter – ganz im Sinn der Betriebsleitung – als ein eindeutiges Befehls- und Gehorsamsverhältnis dar.[30] Es verläuft klar erkennbar von oben nach unten. Jeder Höherstehende hat gegenüber allen unter ihm Stehenden Weisungsrecht; er braucht dabei die hierarchische Stufenleiter nicht einzuhalten. Die Weigerung, eine die Arbeit betreffende Weisung auszuführen – die ja oft sachliche Gründe haben kann –, kann als Arbeitsverweigerung mit fristloser Kündigung beantwortet werden. Umgekehrt muß die Stufenleiter ›von unten‹ genauestens eingehalten werden. Der Arbeiter, der ganz unten steht, hat sich mit Schwierigkeiten und Problemen immer zuerst an seinen Meister zu wenden, der ihn an seinen Arbeitsplatz gestellt hat, ihm die Arbeit zuweist, ihn zur Schicht einteilt usw. (Gelegentlich steht zwischen beiden noch ein Vorarbeiter oder Partieführer, der aber kaum mehr als reiner Befehlsübermittler ist.) Der nächste Vorgesetzte ist in großen Abteilungen der Obermeister, sonst der Abteilungsleiter. Er ist im Gegensatz zum Meister selten aus der Arbeiterschaft aufgestiegen – was bedeutet, daß deren *Aufstiegschancen* spätestens hier ihre Grenze finden –, sondern meist ein Ingenieur oder Techniker. Schon die Funktionen und Befugnisse dieses nächsthöheren Vorgesetzten sind den meisten Arbeitern unklar. »Ob er bestimmt, ob etwas gefertigt wird und wo es gefertigt wird oder ob er von anderer Stelle her getroffene Anordnungen nur überwacht und für deren Ausführung sorgt, weiß man im einzelnen Fall oft nicht.«[31] Klar ist nur, daß er im Gegensatz zum Meister (dessen Position häufig schwankend ist) eindeutig die Interessen der Betriebsleitung vertritt. Wer über dem Abteilungsleiter steht, ist den meisten Arbeitern unbekannt. »Der Direktor oder Generaldirektor kann durch die Halle gehen, und nur 5 von 20 Mann wissen vielleicht, wer es ist.«[32] »Unter verschiedenen Aspekten ... bleibt also der Betrieb von unten und innen her gesehen zum Großteil etwas Unzusammenhängendes, Un-

[30] Vgl. dazu und zum Folgenden: K. Thomas, *Die betriebliche Situation der Arbeiter,* Enke, Stuttgart 1964. Der Vorzug des Thomasschen Buches besteht darin, daß es in seinem größten Teil ganz ›unsoziologisch‹ einfach *beschreibt,* was in der täglichen Umwelt von mehr als sechs Millionen Westdeutschen geschieht, und damit zur Aufarbeitung der »kaum faßbaren Unkenntnis über einfachste Tatsachen der Arbeiter-Existenz« (Hans Paul Bahrdt) beiträgt, wie sie in weiten Kreisen – durchaus im Interesse der Industrie – noch heute verbreitet ist. Wer sich über die wenigen Aspekte, die im Rahmen der vorliegenden Arbeit herausgegriffen werden können, hinaus für die Situation der Arbeiter interessiert, sei nachdrücklich auf dieses Buch verwiesen.

[31] K. Thomas, a. a. O., S. 34.

[32] Ebenda, S. 35.

klares, Unsicheres, nur im kleinsten Bereich durchschaubar.«[33]

Der Unklarheit über Funktion und Aufgabe der Hierarchie entspricht die Unklarheit über Sinn und Ziel der *Produktion.* Seit Frederick W. Taylor (1856 – 1915), dem Begründer der ›Wissenschaftlichen Betriebsführung‹ (Scientific Management), werden planende und ausführende Arbeit prinzipiell getrennt. Für die Planung ist allein das Management verantwortlich; es allein übersieht den Produktionsvorgang in seiner Gesamtheit. Die ausführende Arbeit wird durch Zerlegung in kleine und kleinste Teile, in ›Griffgruppen‹, die durch ›Zeitstudien‹ (d. h. die Ermittlung der Normalzeit der Arbeitsvorgänge) auf ihre Zweckmäßigkeit geprüft werden, möglichst effektiv organisiert. Dies geschieht durch die ›Arbeitsvorbereitung‹ (eine besondere Abteilung des Betriebes), welche vor allem auch die Reihenfolge der Arbeitstakte sowie Art und Qualität des zu verwendenden Materials festlegt. Dazu werden ›Laufkarten‹ ausgegeben, die alle Arbeitsvorgänge für das betreffende Werkstück in zeitlicher Folge enthalten und mit ihm von Arbeitsplatz zu Arbeitsplatz laufen; sie sind nach jedem Arbeitsgang vom Meister abzuzeichnen. Der Arbeiter, welcher von diesem an seinen Platz gestellt wird und hier in monotoner Wiederholung immer wieder dieselben Handgriffe zu machen hat, ist also außerstande, denkend oder verbessernd in die Produktion einzugreifen. Was Taylor einst zu einem Arbeiter sagte: »Sie sollen gar nicht denken. Fürs Denken werden andere Leute bezahlt«[34], charakterisiert die Situation auch heute noch am besten. Es ist klar, daß diese vollständige Entqualifizierung und Funktionalisierung der Arbeit so etwas wie individuelles Leistungsbewußtsein oder Arbeitszufriedenheit nicht mehr aufkommen läßt.

Damit aber nicht genug. Zu der *Sinnentleerung* der Arbeit kommen mindestens zwei weitere Faktoren, die die Situation des Arbeiters im Produktionsprozeß ungünstig beeinflussen: die permanente *Kontrolle* und die körperlich-nervliche *Belastung*. Die Kontrolle geht von verschiedenen Personen aus – nicht zuletzt aber auch von der Maschine selbst, deren ›von oben‹ festgelegtem Arbeitsrhythmus sich der Arbeiter unbedingt zu unterwerfen hat. Die unmittelbarste menschliche Kontrollinstanz ist der Meister; er überwacht,

[33] Ebenda, S. 68.
[34] Vgl. ebenda, S. 115.

daß richtig und ›ordentlich‹ gearbeitet wird, und zwar merkwürdigerweise nicht nur bei ›einfachen‹ Lohnarbeitern, sondern auch bei Akkordarbeitern, deren Arbeit ohnehin durch die Akkordsätze überwacht wird (wer hinter ihnen zurückbleibt, schadet sich selbst). Eine zweite Art von Kontrolle geht von den sogenannten REFA-Leuten[34a] aus, deren Funktion es ist, per Stoppuhr die für den jeweiligen Arbeitsgang erforderliche ›Normalzeit‹ festzustellen. ›Zeitstudien‹ dieser Art erfolgen ohne Ankündigung und oft unbemerkt; d. h. aber, daß der Arbeiter jederzeit gewärtigen muß, von einem REFA-Mann beobachtet und gestoppt zu werden. Geht ihm die Arbeit einmal leicht von der Hand, so kann es passieren, daß diese geringere Zeit bald als ›Normalzeit‹ eingeführt wird.[35] – Eine generelle Form der Kontrolle ist schließlich diejenige an den Werktoren. Die Tore sind bewacht. Man braucht in der normalen Arbeitszeit einen Paß, sonst einen Durchlaßschein. Der Portier ist berechtigt, jeden Passanten zu durchsuchen, selbst per Leibesvisitation. »Die demokratischen Rechte hören an der Schwelle der Betriebe auf; sobald man durch ein Werktor geht, tritt man in eine autoritäre und absolutistische Gesellschaft ein, die so repressiv und starr von oben nach unten organisiert ist wie die Armee. Am Werktor enden die bürgerlichen Rechte – enden Versammlungsfreiheit, Redefreiheit, Pressefreiheit.«[36]

Zu der permanenten Überwachung kommt die körperliche und nervliche Belastung. Sie ist am stärksten bei *Akkordarbeit:*

Ein Arbeitsplatz: Zwei Langhobelbänke, von einem Mann bedient. Es werden vorwiegend Naturstähle und einfache Hartmetallstähle verwendet. Der Vertreter einer Hartmetallstahlfirma kommt und bietet der Direktion neue Hartmetallstähle an, mit denen weit mehr geleistet werden kann als bisher. Man probiert sie aus. Die Arbeitszeit pro Stück könnte um 30%, vielleicht sogar um 50%, vielleicht sogar noch mehr gekürzt werden ... Anschließend verhandeln der Hobler und der Meister. Der Hobler wehrt sich gegen die Verwendung der neuen Stähle. Er sagt: »Wenn ich mit diesen neuen Stählen arbeiten muß und alles andere bleibt: die zwei Maschinen, die Rüstzeiten ... dann dauert's nicht lange und ich bin ruiniert!« Er fährt fort: »Von diesen Stählen habt nur Ihr etwas! Die Direktion schindet mehr

[34a] REFA = ursprünglich (seit 1924) ›Reichsausschuß für Arbeitszeitermittlung‹; heute ›Verband für Arbeitsstudien, REFA‹.

[35] Vgl. K. Thomas, a. a. O., S. 19 ff.

[36] U. Jaeggi, *Macht und Herrschaft in der Bundesrepublik*, Fischer Bücherei 1014, Frankfurt am Main 1969, S. 58.

Gewinn 'raus. Ihr treibt's immer weiter, und auf unsere Kosten!« Der Meister antwortet ...: »Moment mal! Du kommst her zum Geldverdienen von 7 bis 16.30 Uhr. Wer sagt Dir denn, daß Du das Recht hast, so ruhig als möglich zu arbeiten? ... Wie oft Du Dich bücken mußt und wie oft Du am Tag umspannst, das kannst Du Dir nicht 'raussuchen.«[37]

Arbeitstechniker mit ihren Erfindungen und REFA-Leute mit ihren ›Zeitstudien‹ versuchen ständig, die Produktionszeiten zu verkürzen. Daraus resultiert eine ständig wachsende Beanspruchung der Arbeiter. Diese können sich, wenn ein Arbeitsgang einmal ›in Akkord genommen‹ ist, in der Regel nicht etwa auf die Alternative zurückziehen, weniger zu leisten und dafür weniger Verdienst in Kauf zu nehmen, allerdings auch ihre Gesundheit zu schonen; die Arbeitsordnung bestimmt vielmehr, daß »der Betriebsangehörige ... seine *ganze* Arbeitskraft der Firma zur Verfügung stellt«[38], was bedeutet, daß er entlassen werden kann, wenn er den Eindruck erweckt, nicht ›voll‹ zu leisten. Höchstleistung kann der Arbeiter aber erfahrungsgemäß nur zehn bis fünfzehn Jahre lang, etwa zwischen dem 25. und 40. Lebensjahr, bringen. Mit spätestens 45 Jahren ist er in seinem Hochleistungspotential verbraucht und wird in niedriger bezahlte ›einfache‹ Lohnarbeit zurückgestuft.[39] Diese ist allerdings auch keine Erholung. In ihrer immer noch am weitesten verbreiteten Form: als »motorische« oder »sensorische« Bandarbeit[40] bindet sie den Arbeiter an einen genau festgelegten Platz, den er ohne Störungen

[37] K. Thomas, a. a. O., S. 24 f.
[38] Ebenda, S. 25.
[39] Ebenda, S. 30.
[40] H. Kern und M. Schumann, *Industriearbeit und Arbeiterbewußtsein*, Teil I, Europäische Verlagsanstalt, Frankfurt am Main 1970, S. 75 ff. Die Autoren räumen in ihrer im Auftrag des Rationalisierungs-Kuratoriums der Deutschen Wirtschaft (RKW) angestellten Untersuchung mit mancherlei Vorurteilen auf – etwa mit der Vorstellung, die Automation sei in der deutschen Industrie in ›schnellem Vormarsch‹: »Obwohl unsere Untersuchung darauf gerichtet war, in Industriezweigen mit besonders starkem technischem Wandel diejenigen Innovationen zu erfassen, die die gegenwärtige Phase der Technisierung repräsentieren, gibt es unserem Sample [= Auswahl, Stichprobe, KJH] keine einzige vollautomatische Anlage. Wenn überhaupt Automatisierung stattfindet, dann führt die aktuelle technische Entwicklung nach unseren Ergebnissen bestenfalls zu teilautomatisierten Aggregatsystemen« (S. 123). Hier und bei der zweiten Form der Teilautomatisierung: den teilautomatisierten Einzelaggregaten sind menschliche Eingriffe also weiterhin vonnöten. Dabei ist es nicht so, wie ein ebenfalls verbreitetes Vorurteil wahrhaben will, daß fortschreitende Mechanisierung die Situation des Arbeiters (sofern sie diesen nicht überflüssig macht) mehr und mehr erleichterte; es erwies sich vielmehr, »daß sich auch unter den Bedingungen automatischer Produktion Tätigkeiten finden, die den Arbeiter in Unselbständigkeit drängen, an der Ausbildung von Qualifikationen hindern, hohen Arbeitsbelastungen aussetzen und in sozialer Hinsicht isolieren« (S. 135).

der Produktion nicht verlassen kann. Er ist dadurch in seinen Bewegungen stark eingeengt; einzelne Körperteile und Organe werden ständig und bis zur Erschöpfung betätigt, andere gar nicht. Dazu kommt der *Zeitdruck,* wie er durch die Bandgeschwindigkeit ausgeübt wird. Die Zeit ist so kalkuliert, daß sie für den betreffenden Arbeitstakt bei optimaler Geschicklichkeit gerade eben ausreicht; mangel- oder fehlerhafte Leistungen sind, weil das Band weiterläuft, nicht wiedergutzumachen und behindern zwangsläufig die Arbeit der Kollegen. Ein weiterer Zeitfaktor sind die *Überstunden.* In jeder Betriebsordnung steht, daß »Überstunden mit Zustimmung des Betriebsrates angeordnet werden können«.[41] Stimmt der Betriebsrat einer solchen Anordnung zu, dann gibt es dagegen keine Weigerung. Wer nicht mehrarbeitet, hat die Kündigung zu gewärtigen. Ständige Überstunden, wie sie während der Hochkonjunktur in vielen Zweigen der metallverarbeitenden Industrie an der Tagesordnung sind, tragen ein Weiteres zum vorzeitigen Verschleiß des Arbeiters bei. Im gleichen Maß vielleicht trägt dazu der ununterbrochene *Lärm* bei. »Jede Maschinenart und jede Bearbeitungsart, dazu jedes Metall haben ihren eigenen Lärm, der sich nun im großen summiert. Dabei ist auffällig ..., daß der Lärm in den letzten Jahren um ein Mehrfaches zugenommen hat.«[42] Gelegentlich wird, wenn eine Untersuchung den mit einer bestimmten Arbeit verbundenen Lärm als besonders stark erweist, eine ›Lärmzulage‹ bezahlt. »Bis der Lärm aber einen solchen Grad erreicht, ist er für jedes normale Ohr schon schlechthin unerträglich!«[43] Die unmittelbaren Folgen des Lärms sind die erwiesenen gesundheitlichen Schäden, die er hervorruft; gleich danach aber kommt die soziale Isolierung, die ein besonderes Kennzeichen der Situation des Industriearbeiters ist. Der Lärm in einer Werkstätte mit mechanisierter Produktion verhindert in der Regel jede Verständigung über einzelne geschriene Worte hinaus. Er verstärkt insofern (auch dies offenbar im Interesse des Managements) die *Vereinzelung* die *Atomisierung* des Arbeiters, wie sie bereits durch den ständig steigenden Zeitdruck und das generelle Sprechverbot gefördert wird, das in vielen Betrieben in bezug auf ›überflüssige‹, z. B. religiöse oder politische, Diskussionen besteht.

[41] K. Thomas, a. a. O., S. 81.
[42] Ebenda, S. 12.
[43] Ebenda.

Die gesellschaftlich-ökonomische Situation der Arbeiter ist dadurch charakterisiert, daß sie einen – gemessen an ihrem Anteil an der Gesamtbevölkerung – unverhältnismäßig niedrigen Anteil am Volkseinkommen erhalten, daß sie daher gezwungen sind, prozentual mehr für ihre Lebenshaltung auszugeben als andere Bevölkerungsgruppen, und weniger sparen können, um selber Vermögen zu bilden. Weil sich an dieser Situation relativ wenig ändert, weil also auch die Steigerung des Volkseinkommens nicht in erster Linie denen zugute kommt, die sie wesentlich herbeiführen, vertieft sich die materielle Kluft zwischen Arbeiterschaft und übriger Bevölkerung mehr und mehr. So sehr sich der Lebensstandard der Arbeiter in den letzten Jahrzehnten verbesserte – derjenige der Angestellten, Beamten und Selbständigen verbesserte sich stets noch mehr und noch schneller. Bei allem relativen Wohlstand, den sich die Arbeiter erkämpft haben, kann man insofern nicht von ihrer ›Verbürgerlichung‹ sprechen. Das heißt nicht, daß sie diese ›Verbürgerlichung‹ nicht anstrebten. Wie jedoch Rainville[44] feststellt, kommt solches Streben schnell an ihre Grenze: »Jeder bemüht sich auf seine Weise, nicht mehr Arbeiter zu sein, aber jeder muß sich schließlich damit begnügen, es zu bleiben.« *Ein* Grund für diese »Inkonsistenz«, wie Rainville es nennt, ist sicherlich die einkommensmäßige Benachteiligung. Einen anderen, sicherlich genauso wichtigen können wir aber jetzt ebenfalls angeben: die betriebliche Situation des Arbeiters. Er ist an seinem Arbeitsplatz einem System absoluter Herrschaft unterworfen, das man nur als brutal ausbeuterisch, unmenschlich und entwürdigend bezeichnen kann. »Er steht als ›atomisiertes‹ Individuum im Produktionsprozeß den Anforderungen der Maschinen, Apparate und Anlagen gegenüber, die er nicht beeinflussen kann; er hat sich einem bestimmten System der Arbeitsbewertung, des Leistungsanreizes und der Lohnabfindung zu unterwerfen, die er ebenfalls nur geringfügig bestimmen kann; er untersteht, im Arbeitsvollzug und in seiner sozialen Stellung, den Weisungen direkter Vorgesetzter, die er blind auszuführen hat.«[45] Keine gewerkschaftliche Initiative, auch nicht die Einführung der ›qualifizierten‹ Mitbestimmung in der Montanindustrie (1951), hat dieser Situation bisher abhelfen können; das macht die weitverbreitete Skepsis der Arbeiter gegenüber offiziellen Mitbestimmungskonzepten

[44] Vgl. oben S. 31.
[45] U. Jaeggi, a. a. O., S. 58.

verständlich. Wesentlich in unserem Zusammenhang ist nun die Tatsache, daß das betriebliche Herrschaftsverhältnis so strukturiert ist, daß die Beherrschten gar nicht darauf kommen können, je etwas anderes zu sein als Arbeiter. Die Arbeit ist soweit ›vorbereitet‹, daß sie kaum noch besondere handwerkliche Qualifikationen erfordert, aber damit auch keine Gelegenheit bietet, besondere Qualifikationen zu *zeigen*, die die Grundlage eines Aufstiegs im Betrieb bilden könnten. Von den wenigen Meisterstellen abgesehen, die er allenfalls – eher durch Wohlverhalten gegenüber den Herrschenden als durch spezifische Arbeitsleistungen – erreichen kann, ist der Arbeiter unverrückbar am Fuß der betrieblichen Autoritätspyramide fixiert. *Der Unmöglichkeit, gesellschaftlich auf ein »mittelständisches« Niveau aufzusteigen, entspricht die Unmöglichkeit, im Betrieb aufzusteigen.* Die gesellschaftlich-ökonomische Kluft zwischen dem Mittelstand, der vor allem von Angestellten gebildet wird, und den Arbeitern spiegelt die Kluft, die im Betrieb zwischen Angestellten und Arbeitern besteht.[46] Jene gehören zu ›denen da oben‹; in vielen Betrieben wird (sofern dies überhaupt nötig ist), darauf geachtet, daß die Distanz erhalten bleibt:

Ein Arbeiter an einer Großbearbeitungsmaschine hatte ein völlig neues Teil in Bearbeitung. Der konstruierende Ingenieur sah dies bei einem zufälligen Gang durch die Halle, er suchte den Arbeiter D. auf und unterhielt sich mit ihm über diese neue Sache. Nun war D. ein sehr erfahrener Facharbeiter, der sich über Einzelheiten an diesem Teil Gedanken gemacht hatte. Also gab es eine interessante Unterhaltung. Der Ingenieur kam in den folgenden Tagen ab und zu wieder an die Maschine. Auf einmal trat er nur kurz an den Dreher heran und sagte: »Ich kann leider nicht mehr kommen, es wird nicht gewünscht, daß ich mich hier mit Ihnen unterhalte.«[47]

Läßt sich nach alldem sagen, die Arbeiterschaft bilde in unserer Gesellschaft eine unterprivilegierte *Klasse,* wir lebten also in einer *Klassengesellschaft?* Der polnische Sozio-

[46] Neuerdings beobachtet man auch unter der Angestelltenschaft selbst eine gewisse Polarisierung. Besonders die Einführung und Ausbreitung der Büroautomation hat dazu geführt, daß sie sich zunehmend in eine schmale Schicht hochqualifizierter Spezialisten und eine breite Schicht einfacher ›Büroarbeiter‹ differenziert (vgl. M. Tjaden-Steinhauer und K. H. Tjaden, ›Zur Analyse der Sozialstruktur des deutschen Kapitalismus‹, in: *Das Argument* 61, 1970, S. 662), von denen einige sogar auf die Position wirklicher Arbeiter absinken können: Zwischen April 1966 und April 1967 wurden 92 000 Angestellte zu Arbeitern und – vermutlich ebenfalls im Zusammenhang mit Automatisierungsvorgängen – 144 000 Arbeiter zu Angestellten (vgl. H. Jung, a. a. O., S. 693).
[47] K. Thomas, a. a. O., S. 62.

loge Stanisław Ossowski hat in seinem Buch *Klassenstruktur im sozialen Bewußtsein*[48] die verschiedenen Konzeptionen und Definitionen verglichen, die sich in der wissenschaftlichen Literatur zum Klassenbegriff finden. Bei allen Divergenzen entdeckt er zumindest »drei Voraussetzungen, die allen Konzeptionen der Klassengesellschaft gemeinsam zu sein scheinen . . .:

1. Die Klassen bilden in der sozialen Struktur ein System der Gruppen höchster Ordnung.
2. Die Klassenteilung betrifft die sozialen Positionen, die mit Systemen von nicht durch biologische Kriterien bestimmten Privilegien und Diskriminierungen verbunden sind.
3. Die Zugehörigkeit der Individuen zur Gesellschaftsklasse ist relativ beständig.«[49]

Wesentlich an der ersten Voraussetzung ist, daß die Gruppen »höchster Ordnung«, von denen es in jeder Gesellschaft nur »zwei oder einige« gibt, »abgesondert infolge der Teilung der Gesellschaft nach Kriterien, die für das soziale Leben Bedeutung haben«[50], ein *System* bilden, daß sie also nicht wie Berufsgruppen beziehungslos nebeneinander stehen, sondern sich gegenseitig voraussetzen. Besitzlose, welche gezwungen sind, ihre Arbeitskraft zu verkaufen, setzen diejenigen voraus, an die sie sie verkaufen. Zu Marx' Zeiten ließen sich diese beiden Gruppen als Proletarier und Kapitalisten klar gegeneinander abgrenzen. Seither hat sich dieser Gegensatz nicht, wie Marx erwartete, noch weiter verschärft, sondern differenziert, vor allem auf der Seite der Kapitalisten: Nur noch in wenigen Fällen ist der Leiter des Industriebetriebs, welchem der Arbeiter seine Arbeitskraft verkauft, dessen Eigentümer. Die Eigentümer haben, weil ihre Kapitalanteile meist relativ gering sind (was, wie wir gesehen haben, allerdings nicht bedeutet, daß der Kapitalbesitz breit gestreut wäre), im Durchschnitt sogar nur noch einen minimalen Einfluß auf die Geschäftspolitik. Aber für die Arbeiter – die ihrem äußeren Aussehen und ihrer Lebenshaltung nach natürlich ebenfalls keine ›klassischen‹ Proletarier mehr sind – hat sich durch die Trennung von Eigentum und Verfügungsmacht prinzipiell nichts geändert. Eigentümer wie Manager produzieren um des Profits willen. »Grundsätzlich orientieren sich die Entscheidungen bei-

[48] Luchterhand, Neuwied und Berlin 1962.
[49] Ebenda, S. 166 f.
[50] Ebenda, S. 167.

der Gruppen an demselben, vom kapitalistischen System vorgegebenen Zweck. Seinen Geboten Widerstand zu leisten, haben Manager so wenig Anlaß wie Kapitalisten. Solange die materiellen und immateriellen Interessen der Aktionäre angemessen berücksichtigt werden, behalten die Prinzipien kapitalistischen Wirtschaftens ihre Geltung, und zwar auch dann, wenn die Manager über Kapitalien verfügen, die ihnen nicht gehören, und die Eigentümer über die Produktionsmittel nicht verfügen, die ihnen gehören.«[51]
D. h. aber, daß die Arbeiter heute wie ehedem beherrscht und ausgebeutet werden – heute eher wirksamer, seit man ›wissenschaftliche‹ Methoden der Ausbeutung ersonnen hat. – Die Beherrschten (über 50% der Gesamtbevölkerung) stellen eine »Gruppe höchster Ordnung« dar, die »für das soziale Leben Bedeutung« hat. Als Beherrschte setzen sie die Existenz einer Gruppe von Herrschenden voraus: das Management und die seine Interessen besorgenden höheren Angestellten (nach Heinz Jung[52] etwa 15% der Angestellten). Beide Gruppen bilden ein System, das heute den milden Namen ›die Sozialpartner‹ trägt. Die erste Voraussetzung Ossowskis wäre damit in unserer Gesellschaft erfüllt.[53]
Die zweite Voraussetzung ist so allgemein formuliert, daß sie auch für ständische und Kastengesellschaften zutrifft. Wie jedoch T. B. Bottomore[54] feststellt, sind Klassen »weder durch spezifische rechtliche oder religiöse Normen begründet oder gestützt, noch verleiht die Zugehörigkeit zu einer Klasse dem Individuum besondere politische Rechte oder Rechte als Staatsbürger«. Sie seien nach allgemeiner Auffassung als »ökonomische Gruppen« zu betrachten. Formuliert man also präziser, die Klassenteilung betreffe »soziale Positionen, die mit Systemen von nicht durch biologische Kriterien bestimmten« *ökonomischen* »Privilegien und Diskriminierungen verbunden sind«, so besteht eine

[51] H. Pross, *Manager und Aktionäre in Deutschland,* Frankfurter Beiträge zur Soziologie, Bd. 15, Europäische Verlagsanstalt, Frankfurt am Main 1965, S. 176.
[52] H. Jung, a. a. O., S. 683.
[53] Vgl. dazu auch H. Kern und M. Schumann, a. a. O., S. 25: »Dem Lohnarbeitsverhältnis kommt weiterhin zentrale Bedeutung zu für die Reproduktionsbedingungen der Arbeiter. Ihre Entfaltungsmöglichkeiten in der Sphäre außerhalb der Arbeit sind von der Lohnabhängigkeit ebenso geprägt wie wesentliche Elemente des Arbeits- und Betriebsverhältnisses. Die Beteiligung an Einkommen und Vermögen, die Chancen für Bildung, Gesundheit und Wohnen tragen trotz partieller Verbesserungen weiter den Stempel der Klassenlage und sind gekennzeichnet durch deutliche Unterprivilegierung.«
[54] T. B. Bottomore, *Die sozialen Klassen in der modernen Gesellschaft,* Nymphenburger Verlagshandlung, München 1967, S. 15.

solche Trennung in unserer Gesellschaft nach den obigen Explikationen zweifellos.
Die dritte Voraussetzung Ossowskis betrifft die soziale Mobilität, und zwar die *vertikale* Mobilität. Auf Seite 38 wurde bereits klargestellt, daß die gesellschaftlichen und betrieblichen Aufstiegschancen der Arbeiter denkbar gering sind. Für sie gilt durchaus, daß »der Übergang von einer Gruppe zu anderen nur einigen Individuen gelingen kann und die Regel eher das Verbleiben im Schoße der eigenen Gruppe für das ganze Leben ist«.[55] Auch die Erweiterung der Bildungsmöglichkeiten hat an dieser Situation wenig geändert; es ist eine der zentralen Absichten des vorliegenden Buches, zu klären, warum der Fortfall formaler Zugangsbeschränkungen zu weiterführenden Bildungseinrichtungen das Bildungsdefizit der Arbeiter kaum vermindert hat. Die Arbeiter bleiben ebenso ›unter sich‹ wie das höhere Management, von dem (abgesehen von den Arbeitsdirektoren der Montanindustrie) nur ein Fünftel aus einer mittleren Angestelltenposition aufgestiegen ist, während bei vier Fünfteln bereits der Großvater oder der Vater eine hohe Berufsstellung (Fabrikant, hoher Verwaltungsbeamter u. a.) innehatten.[56]
Die westdeutsche Gesellschaft, so können wir zusammenfassen, ist ihrer Struktur nach eine Klassengesellschaft. Daß dabei die Unterklasse nicht (mehr) über ein ausgeprägtes Klassenbewußtsein verfügt, widerlegt diesen Tatbestand nicht; es bedeutet allenfalls, daß die Herrschenden sich *derzeit* (noch) sicherer fühlen können als in den großen Zeiten der Arbeiterbewegung. Nichts jedoch deutet darauf hin, daß der derzeitige historische Zustand ein Endzustand ist. Bottomore bemerkte bereits 1965, daß die Unzufriedenheit eher steigen könne, »sobald offenkundig wird, daß es keinen Trend zu größerer wirtschaftlicher Gleichheit gibt, sondern im Gegenteil mächtige Bewegungen die Ungleichheit in der Verteilung von Besitz und Einkommen erhöhen, wann immer der wirtschaftliche und politische Einfluß der Arbeiterklasse zurückgeht«.[57] Die Maiereignisse von 1968 in Frankreich und die teils spontanen, teils organisierten Streiks in der westdeutschen Industrie seit September 1969 scheinen diese Prognose tendenziell zu bestätigen.

[55] St. Ossowski, a. a. O., S. 167.
[56] U. Jaeggi, a. a. O., S. 54. – Ein Indiz für die geringe Mobilität der westdeutschen Gesellschaft ist die Tatsache, daß von 856 Richtern an Oberlandesgerichten nur ein einziger einen angelernten Arbeiter, daß aber jeder vierzehnte Richter einen Richter, jeder vierte Richter einen Juristen und jeder zweite Richter einen Beamten zum Vater hat (vgl. R. Dahrendorf, *Gesellschaft und Freiheit,* Piper, München 1961, S. 182).
[57] T. B. Bottomore, a. a. O., S. 104.

»Das Bewußtsein kann nie etwas anderes sein als das bewußte Sein, und das Sein der Menschen ist ihr wirklicher Lebensprozeß.«[1] Mit dieser Feststellung kritisiert Karl Marx jene Denker, welche das Bewußtsein als metaphysisch-konstitutives Prinzip der seienden Wirklichkeit gegenübersetzen und behaupten, sie werde durch seine Tätigkeit allererst geformt. Marx weist demgegenüber – an Hegel anknüpfend – nach, daß die Entwicklung des Bewußtseins von der menschlichen Geschichte nicht zu trennen ist, daß jeder historischen Entwicklungsstufe eine bestimmte Bewußtseinsstufe, ein charakteristischer Bestand an Vorstellungen, Ideen, Philosophemen entspricht. Auf früheren Stufen ist es sogar unmöglich, zwischen gesellschaftlichem Lebensprozeß und Bewußtseinsentwicklung zu unterscheiden: »Die Produktion der Ideen, Vorstellungen, des Bewußtseins ist zunächst unmittelbar verflochten in die materielle Tätigkeit und den materiellen Verkehr der Menschen.«[2] Erst wenn der unmittelbare Zusammenhang zwischen dem Bewußtsein der Menschen und ihrer physischen Auseinandersetzung mit der Natur unterbrochen ist, wenn geistige und materiell-körperliche Tätigkeit auseinandergetreten sind – erst dann »kann sich das Bewußtsein wirklich einbilden, etwas anderes als das Bewußtsein der bestehenden Praxis zu sein, wirklich etwas vorzustellen, ohne etwas Wirkliches vorzustellen – von diesem Augenblicke an ist das Bewußtsein imstande, sich von der Welt zu emanzipieren und zur Bildung der ›reinen Theorie‹, Theologie, Philosophie, Moral etc. überzugehen.«[3] Das von der Praxis, von körperlicher Arbeit getrennte theoretische Bewußtsein entwickelt schließlich auch Vorstellungen über die Natur dieser Arbeit selbst:

Arbeit adelt.
Arbeit ist einer der besten Erzieher des Charakters.[4]
Körperliche Arbeit befreit von seelischen Schmerzen, und das ist's, was den Armen glücklich macht.[5]

[1] K. Marx, *Die Frühschriften*, hrsg. v. S. Landshut, Kröner, Stuttgart 1953, S. 349.
[2] Ebenda, S. 348.
[3] Ebenda, S. 358.
[4] S. Smiles, *Der Charakter;* zitiert nach: K. Peltzer, *Das treffende Zitat,* Ott, Thun [4]1957, S. 34.
[5] Larochefoucauld, *Réflexions ajoutées,* zitiert nach: K. Peltzer, a. a. O., S. 33.

Die Arbeit ist eine Quelle der Gesundheit.[6]
Die Arbeit wird immer mehr vergeistigt.[7]
Arbeit ist das Gesetz unseres Seins – das lebendige Prinzip, das Menschen und Völker vorwärtstreibt.[8]
›Arbeit‹ ... ist identisch mit ›Sein‹.[9]
Arbeit! Arbeit! Segensquelle, / Arbeit ist das Zauberwort, / Arbeit ist des Glückes Seele, / Arbeit ist des Friedens Hort! / ... / Nur die Arbeit kann erretten, / Nur die Arbeit sprengt die Ketten, / Arbeit macht die Völker frei.[10]
Die Arbeit ist die Quelle allen Reichtums und aller Kultur.[11]

Die Betroffenen wissen es besser. Sie erfahren tagtäglich von neuem, daß die Arbeit weder eine Quelle der Gesundheit noch diejenige allen Reichtums und aller Kultur ist[12]; andernfalls müßten sie sehr gesund, reich und kultiviert sein. Jedoch:

Der Arbeiter ist immer der arme Mann, der eben nur arbeiten muß. Den Reibach, wie man so sagt, machen die anderen.[13]
Es ist schon immer so gewesen, daß die Obersten den Arbeiter, den kleinen Mann, nie hochkommen lassen, und das wird auch nie anders.[14]
In Wirklichkeit regiert ja doch das Kapital. Die Arbeit kann dagegen nicht an.[15]
Es gibt zwei Klassen von Menschen, die einen sind oben und profitieren, sie können auf die Schulen gehen und rücken wieder in die Stellen auf, die anderen sind unten und bleiben auch unten.[16]

Die so reden: die von Heinrich Popitz und seinen Mitarbeitern befragten Arbeiter eines Hüttenwerks im Ruhrgebiet[17]

[6] K. Hilty, *Briefe*, zitiert nach: K. Peltzer, a. a. O., S. 32.
[7] W. Rathenau, zitiert nach: M. Schiff, *Das große Handbuch moderner Zitate des XX. Jahrhunderts*, mvg, München 1968, S. 911.
[8] S. Smiles, *Der Charakter*, zitiert nach: K. Peltzer, a. a. O., S. 34.
[9] M. Heidegger, *Zur Seinsfrage*, Klostermann, Frankfurt am Main ²1959, S. 21.
[10] H. Seidel, *Hymne der Arbeit,* zitiert nach: K. Peltzer, a. a. O., S. 31.
[11] Gothaer Programm der SPD (1875); zitiert nach: S. Miller, *Das Problem der Freiheit im Sozialismus,* Europäische Verlagsanstalt, Frankfurt am Main ³1964, S. 308.
[12] Vgl. dazu K. Marx, ›Kritik des Gothaer Programms‹, in: *Politische Schriften II,* Hrsg. v. H.-J. Lieber, Wissenschaftliche Buchgesellschaft, Darmstadt 1960, S. 1016 f. – Th. W. Adorno (*Aspekte der Hegelschen Philosophie,* Suhrkamp, Berlin und Frankfurt am Main 1957, S. 29) bemerkt zu diesem Punkt: »Losgelöst von dem, was nicht identisch ist mit ihr selber, wird Arbeit zur Ideologie. Die über die Arbeit anderer verfügen, schreiben ihr Würde an sich, jene Absolutheit und Ursprünglichkeit zu, gerade weil die Arbeit nur eine für andere ist. Arbeitsmetaphysik und Aneignung fremder Arbeit sind komplementär.«
[13] H. Popitz, H. P. Bahrdt, E. A. Jüres und H. Kesting, *Das Gesellschaftsbild des Arbeiters,* Mohr, Tübingen ³1967, S. 160.
[14] Ebenda, S. 171.
[15] Ebenda, S. 203.
[16] Ebenda, S. 222.
[17] Vgl. oben S. 23.

haben ein Bewußtsein entwickelt, das tatsächlich weitgehend »der ... bewußte Ausdruck ihrer wirklichen Verhältnisse«[18] ist. Es stellt sich allerdings kaum noch, wie in der früheren Arbeiterbewegung, als klar strukturiertes proletarisches Klassenbewußtsein dar, für das der unserer Gesellschaft innewohnende Klassengegensatz einem Höhepunkt zutreibt, auf dem er per Revolution überwunden wird. In den meisten Fällen ist das Bewußtsein der Arbeiter durch jene charakteristische *Dichotomie*, jene scheinbar schicksalhafte, mit deutlicher Resignation beurteilte Zweiteilung geprägt, wie sie in den gerade zitierten Äußerungen zum Ausdruck kommt.

Diese Dichotomie-Vorstellung geht zurück auf Erfahrungen der Arbeiter am Arbeitsplatz, wie sie im vorigen Kapitel skizziert wurden. Die Fixierung am Fuß der betrieblichen Autoritätspyramide, das Fehlen von Aufstiegsmöglichkeiten, die Situation der totalen Abhängigkeit, der individuellen Entbehrlichkeit und Austauschbarkeit, die permanente Überwachung und die hochgradig belastenden Arbeitsbedingungen sind so tiefgehend prägende Faktoren, daß nahezu alle Arbeiter, die sich überhaupt ein Bild von der Gesellschaft machen, in der sie leben, dieses Bild an der Struktur des Industriebetriebes orientieren, wie sie sich ihnen von ihrem Arbeitsplatz aus darstellt. Daß dies kaum eine ideologische Verzerrung, sondern durchaus ›realitätsgerecht‹ ist, hat die ebenfalls im vorigen Kapitel angestellte Betrachtung der ökonomischen Situation der Arbeiter erwiesen: Wenn die von Popitz u. a. befragten Hüttenarbeiter in der Mehrzahl ein dichotomisch auseinanderfallendes Gesellschaftsbild hatten, in dem ›die anderen‹ oben, sie selbst aber unten standen, so spiegelt sich darin sicher primär ihre betriebliche, nicht zuletzt aber auch ihre gesellschaftliche Situation. Das Bewußtsein der Arbeiter registriert, obwohl es nicht mehr Klassenbewußtsein im strengen Sinn ist, die nach wie vor bestehende Klassenlage recht präzis.[19]

[18] K. Marx, *Die Frühschriften*, S. 348.

[19] Die »resignierte und dichotomische Denkweise« kann »weder als Zerfallsprodukt des traditionellen politischen Bewußtseins noch als bloßer Ausdruck von Paria-Mentalität oder des individuellen Scheiterns verstanden werden. Auf der Stufe des ›praktischen Gefühls‹ schlägt sich in ihm vielmehr die objektive Polarisierung der Klassengesellschaft nieder, so daß seine Aufnahme als Moment der Reflexion die Analyse der Gesellschaft vor oberflächlichen pluralistischen Vereinfachungen und die Politik der Gewerkschaften vor einem verhängnisvollen materiellen Fortschrittsoptimismus bewahren könnte« (O. Negt, *Soziologische Phantasie und exemplarisches Lernen*, Europäische Verlagsanstalt, Frankfurt am Main 1968, S. 44).

Im einzelnen unterscheiden Popitz u. a. am Bewußtsein der Arbeiter zwei verschiedenartige Elemente, die sie »Leistungsbewußtsein« und »Kollektivbewußtsein« nennen.
Leistungsbewußtsein ist mit jeder Berufstätigkeit verbunden. Es wurde von allen befragten Arbeitern betont; selbst Hilfsarbeiter wiesen auf die Fähigkeiten hin, die für ihre Aufgaben erforderlich sind. Besonders stark ist das Leistungsbewußtsein bei Fach- und Spezialarbeitern ausgeprägt; insofern haftet ihm eine differenzierende Tendenz an. Doch wird dadurch, entgegen anderslautenden Prognosen, das Zusammengehörigkeitsgefühl der Arbeiterschaft insgesamt nicht berührt. Gerade die Facharbeiter sind es ja, die dieses Gefühl von jeher am bewußtesten entwickelt und innerhalb der Arbeiterbewegung zur Geltung gebracht haben. Was ist es nun, das jenes allen Arbeitern gemeinsame Leistungsbewußtsein schafft? Es ist das wesentliche Merkmal ihrer Arbeit, daß sie verstanden wird »als *körperliche* Arbeit, das heißt diejenige menschliche Tätigkeit, die am sinnfälligsten ›Arbeit‹ ist; als *produktive* Arbeit, das heißt als unmittelbar wertschaffende Leistung; als *primäre* Arbeit, das heißt eine Funktion, die für die anderen, für die Gesellschaft, eine fundamentale Voraussetzung ihrer Existenz schafft.«[20] Das so artikulierte Leistungsbewußtsein der Arbeiter ermöglicht eine Distanzierung gegenüber allen anderen, die *nicht* körperlich arbeiten. »Auch sehr intelligente Arbeiter, die betont gerecht über die Angestellten urteilen und einräumen, daß es eben auch solche Leute geben müsse, bleiben in einer Beziehung mißtrauisch: Es erscheint ihnen äußerst fraglich, ob die Angestellten wirklich arbeiten.«[21] Betritt ein Arbeiter ein Büro (z. B. das Lohnbüro), so findet er hier sauber gekleidete Menschen hinter Schreibtischen vor, die sich mit Formularen beschäftigen, dabei vielleicht rauchen und sich unterhalten, also scheinbar ›hauptberuflich‹ das tun, was ihm selbst allenfalls in der Kaffeepause vergönnt ist. »Er ist es gewohnt, daß er seine Arbeit jederzeit sichtbar, kontrollierbar, gleichsam ›öffentlich‹ vollziehen muß. Hier fehlt die Öffentlichkeit, und die Kontrollierbarkeit ist für ihn nicht einsichtig.«[22] Die Gelegenheit, nichts zu tun, scheint viel größer. Von da her verstärkt sich das Gefühl, die ›anderen‹, die nicht körperlich arbeiten, lebten nur von der Produktivität der Arbeiter.

[20] H. Popitz u. a., a. a. O., S. 238.
[21] Ebenda.
[22] Ebenda.

Sinnfällig kommt dieses Gefühl in dem von Popitz u. a. häufig gehörten Satz zum Ausdruck: »Auf unseren Knochen können sie erst ihr Geld verdienen.«[23]
Die vor mehr als fünfzehn Jahren getroffenen Feststellungen von Popitz u. a. über das Leistungsbewußtsein bedürfen heute in einigen Punkten der Revision. Bereits im *Gesellschaftsbild des Arbeiters* findet sich die Bemerkung, daß »mit der zunehmenden Fragwürdigkeit des individuellen Anteils an objektiven Leistungen die Diskrepanz zwischen einer offiziellen Leistungs-Version und der subjektiven Sinnfälligkeit der eigenen Leistung zunimmt«.[24] Diese Diskrepanz ist seither weiter gewachsen. Wie Horst Kern und Michael Schumann, die im Auftrag des Rationalisierungs-Kuratoriums der Deutschen Wirtschaft die Konsequenzen des technischen Wandels für das Bewußtsein der Arbeiter untersucht haben, feststellen, muß das »geschlossene« Leistungsbewußtsein der Arbeiter »problematisch werden, wenn durch Veränderungen im Arbeitsbereich neue Arbeitertätigkeiten entstehen, deren Anforderungen an körperlichen Einsatz gering sind und die sich damit dem herkömmlichen Leistungsbegriff der Arbeiterschaft entziehen«.[25] Derartige Veränderungen hat es – wenn man einmal von der schon länger bestehenden *sensorischen* Fließbandarbeit absieht, bei welcher es wesentlich um das Erkennen fehlerhafter Teile bzw. das Feststellen einer fehlerhaften Materialfolge geht[26] – in den letzten Jahren vor allem bei der Umstellung von Maschinenführungsarbeit auf Automatenkontrolle gegeben. In einer Weberei z. B. wurde durch Automatisierung die Funktion der Arbeiter auf die Beseitigung von Störungen in der Materialzufuhr und auf die Kontrolle der Webautomaten reduziert. Ein Arbeiter, der vorher bei beträchtlichem körperlichem Einsatz einen bis drei Webstühle führte, hatte nun bei stark reduzierter körperlicher Anstrengung bis zu 26 Stühle zu kontrollieren. Die Folge war ein rapider Anstieg der *nervlichen* Belastung:

Jetzt, mit den 26 Stühlen, bin ich nicht zufrieden. Wir haben zu viele Stühle. Das ist eine große Nervenbelastung, die Nerven gehen dabei in Stücken kaputt. Man ist, wenn man 2 bis 3 Stunden gearbeitet hat, einfach kaputt.[27]

[23] Ebenda, S. 240.
[24] Ebenda, S. 239, Anm. 10.
[25] H. Kern und M. Schumann, *Industriearbeit und Arbeiterbewußtsein,* Teil I, Europäische Verlagsanstalt, Frankfurt am Main 1970, S. 27.
[26] Vgl. ebenda, S. 79.
[27] Ebenda, S. 207.

Generell erwarten die Arbeiter von der Automation eine Abnahme der körperlichen Anstrengungen; aber nur ein Drittel setzt diese Abnahme mit einer allgemeinen Verminderung der Arbeitsbelastungen gleich.[28] Die meisten rechnen mit einer psychisch-nervlichen Mehrbelastung infolge der Monotonie und des gesteigerten Tempos:

Körperlich wird die Arbeit zwar leichter, aber nervlich wird sie viel schwerer, denn das Tempo geht auf das dreifache schneller als früher. Man muß sich ganz anders einstellen, man kann kein Wort mehr mit dem Kameraden sprechen, man muß die Maschine dauernd beobachten.[29]

Körperlich ist es schon leichter, aber die seelische Belastung wird größer. Der Arbeiter steht nur noch da, braucht nichts mehr zu tun, sich nicht mehr anzustrengen. Das ist viel schlimmer eigentlich.[30]

»Viel schlimmer eigentlich« ist die Situation, daß ein Arbeiter nach Arbeitsschluß subjektiv der Überzeugung sein kann, etwas geleistet zu haben – wofür seine Erschöpfung spricht –, daß er diese Leistung aber nicht mehr am traditionellen Leistungskriterium der Arbeiterschaft: der Körperlichkeit der Arbeit messen kann. Als Arbeiter hat er gelernt, daß nur der etwas leistet, der körperlich arbeitet; er aber arbeitet kaum noch körperlich – hat er also überhaupt etwas geleistet? Die Unsicherheit, die aus dieser Situation resultiert, erhöht sich noch insofern, als der Arbeiter sich zwar am Arbeitsplatz, durch den Wegfall der körperlichen Anstrengung, den Angestellten angenähert fühlt, *gesellschaftlich* aber kaum eine reale Nivellierung der Kluft zwischen Arbeitern und Angestellten, sondern allenfalls deren *Kaschierung* durch gesteigerten Konsum, bessere Kleidung, sozialpolitische Besserstellung usw. erwartet.[31] Dazu kommt die allgemeine – und begründete – Befürchtung, daß der technische Fortschritt die Sicherheit der Arbeitsplätze in zunehmendem Maße gefährdet. Die so aus dreierlei Quellen gespeiste Unsicherheit hat eine doppelte Konsequenz. Einmal dürfte sie die »Unstrukturiertheit« der Lage der Arbeiter, wie sie durch die Verwischung ihres Klassenbewußtseins ohnehin besteht[32], steigern und damit ihre Neigung zu politisch autoritären Einstellungen erhöhen.[33] Zugleich stabilisiert sie – und das ist in gewisser Weise widersprüchlich –

[28] Ebenda, S. 223.
[29] Ebenda, S. 224.
[30] Ebenda.
[31] Vgl. ebenda, S. 236 ff.
[32] Vgl. O. Negt, a. a. O., S. 22 ff.
[33] Vgl. ebenda, S. 42.

Kern und Schumann zufolge aber das andere Element des Arbeiterbewußtseins: das *Kollektivbewußtsein.*

In der Realisation der kollektiven Unsicherheit... relativiert sich die Bedeutung persönlicher Erfahrungen, und das mangelnde gesellschaftliche Selbstbewußtsein gewinnt besondere Relevanz. Die Basis des Urteils ist die allen Arbeitern gemeinsame Lohnabhängigkeit, ist das kollektive Bewußtsein, daß der technische Wandel die Arbeiter ersetzbar und potentiell überflüssig mache und damit ihre Reproduktionsmöglichkeiten gefährden könnte, ohne daß das gesellschaftliche System den Risiken begegne. In diesem Zusammenhang hat das dichotome Bild von der Gesellschaft noch strukturierende Kraft auf die Erwartungen der Mehrheit der Arbeiter. Es bedeutet Mißtrauen gegenüber den Motiven der Herrschenden, Einsicht in einen gesellschaftlichen Antagonismus, der einer Interessenidentität zwischen Arbeiterschaft und gesellschaftlichem System zuwiderläuft. Die bestimmenden gesellschaftlichen Zielsetzungen werden nicht verstanden als solche, die primär auch die Interessen der Arbeiterschaft berücksichtigen: Der Verlust des Arbeitsplatzes und tendenziell des materiellen Besitzstandes erscheint deswegen als realistische Sorge.[34]

Kern und Schumann bestätigen damit die Feststellungen von Popitz u. a. über die Herkunft des Kollektivbewußtseins. Es entspringt wesentlich der Einsicht, daß die Arbeiter betrieblich wie gesellschaftlich ›unten‹ sind und bleiben; »in Wirklichkeit regiert ja doch das Kapital«. Wünsche, nicht mehr Arbeiter zu sein, sich mit einem eigenen kleinen Betrieb selbständig zu machen oder aber im Industriebetrieb aufzusteigen, bleiben allermeist unerfüllt. So gilt es einerseits, zusammenzuhalten und sich gegen ›die da oben‹ abzugrenzen – andererseits, die Gunst des Augenblicks zu nutzen und sich Vorteile und Befriedigungen zu verschaffen, wann immer sich die Gelegenheit bietet. Daß ein solches Verhalten von den Arbeitern auch allgemein erwartet wird, zeigt sich an der Art der Lohnauszahlung: »Die in der Bundesrepublik immer noch als historisches Relikt praktizierte wöchentliche Lohnauszahlung der Arbeiter ist ein auffallendes Symptom dafür, daß man den Arbeiter nicht für planungsmündig hält.«[35]
Gerade dieser Punkt läßt den Unterschied zwischen Arbeitern und *Angestellten* deutlich hervortreten. Während die Arbeiter wöchentlich entlohnt werden und mit steigendem Alter, weil ihre Leistungsfähigkeit nachläßt, im Lohn meist

[34] H. Kern und M. Schumann, a. a. O., S. 276.
[35] S. Grimm, *Die Bildungsabstinenz der Arbeiter,* Barth, München 1966, S. 128.

absinken, erhalten die Angestellten ein monatliches Gehalt, das mit der Dauer der Betriebszugehörigkeit wächst, ohne daß dafür eine Mehrleistung verlangt würde. Ebenso wie das Gehalt wachsen aber mit der Zeit auch die *Aufstiegschancen.*[36] Dem Angestellten ist die Betriebshierarchie nicht in einen undurchdringlichen Nebel gehüllt; er muß die Autoritätspyramide kennen, weil er täglich mit Aufgaben konfrontiert wird, die Kompetenzprobleme aufwerfen. Der hierarchische Aufbau – Buchhalter–Oberbuchhalter–Abteilungsleiter–Handlungsbevollmächtigter–Prokurist–Vorstandsmitglied–Generaldirektor – »ist in seinem Arbeitsvollzug gleichsam anwesend: Seine Leistung besteht zu einem erheblichen Teil darin, die Hierarchie zu tragen und ihren komplizierten Inklinationen gerecht zu werden.«[37] Als Glied der Hierarchie entwickelt er »eine mehr oder minder emotional fundierte Aufstiegsideologie«[38]: Er hat Kollegen mit annähernd gleicher Qualifikation aufsteigen sehen, weiß, daß die Aufstiegschancen mit fortschreitendem Alter wachsen, und stellt deshalb zugunsten des möglichen späteren Aufstiegs (auch wenn dieser in den meisten Fällen überaus bescheiden ist) augenblickliche Befriedigungen zurück. Als Glied der Hierarchie – dies ist für unseren Zusammenhang noch wichtiger – entwickelt er aber auch ein *Gesellschaftsbild,* das sich von demjenigen des Arbeiters grundlegend unterscheidet: Während dieser im Betrieb hoffnungslos ›unten‹ ist und deshalb auch die Gesellschaft dichotomisch in zwei Blöcke – unten die Arbeiter, oben die ›anderen‹ – zerfallen sieht, kennt der Angestellte im Betrieb sehr wohl ein Oben, das sich über ihm, und ein Unten, das sich unter ihm befindet; deshalb stellt er sich die Gesellschaft *hierarchisch* aufgebaut vor und ordnet sich selbst *in der Mitte* ein.

Alles, was hier über Angestellte gesagt wurde, gilt sinngemäß auch für die Beamten und den größten Teil der Selbständigen. Sie alle lassen sich sozial-statistisch als *Mittelschicht* zusammenfassen. Der Begriff der ›Schicht‹, welcher von vielen Autoren als Synonym für ›Klasse‹ gebraucht wird, bezeichnet dabei weniger, wie der Klassenbegriff, die *objektive,* gesellschaftlich-ökonomische Lage einer sozialen Gruppe als vielmehr deren *subjektive* Vor-

[36] Daß es im Zuge der Büroautomatisierung auch eine gegenläufige Tendenz gibt, wurde oben S. 38 vermerkt.
[37] H. Popitz u. a., a. a. O., S. 243.
[38] H. P. Bahrdt, *Industriebürokratie,* Enke, Stuttgart 1958, S. 130.

stellung von ihrem Standort in der Gesellschaft und das daraus resultierende Verhalten. »Wer heiratet wen? Wessen Kinder spielen mit wem? Wer verkehrt, wer ißt mit wem? Die Antworten auf diese und ähnliche Fragen nach dem Verhalten zur Umwelt beweisen, wie intensiv die soziale Schicht das Individuum bindet. Aber nicht nur das Verhalten der Menschen zueinander läßt soziale Schichten erkennen, sondern auch das sonstige tägliche Tun und Lassen, der Lebensstil, soziale Leitbilder, Erziehungsideale u. a. m. sind weitgehend schichtgebunden.«[39] Die Schichtstruktur einer Gesellschaft ist insofern nicht identisch mit der Klassenstruktur. Zwar rekrutiert sich bei uns die Unterschicht, welche praktisch durch die Arbeiterschaft repräsentiert wird, aus der ›Unterklasse‹, aber diese umfaßt zugleich den größten Teil der Mittelschicht: Die meisten Angestellten sind von der Verfügung über Produktionsmittel ausgeschlossen. Da sie jedoch, wie oben ausgeführt, selbst zur Betriebshierarchie gehören und insofern eine geringere ›soziale Distanz‹ zu den Herrschenden haben, neigen sie leichter zur Identifikation mit ihnen. Diese illusionäre Identifikation, durch welche der reale Klassengegensatz verschleiert wird und welche die Solidarisierung von Angestellten und Arbeitern verhindert, wird von den Herrschenden, wie wir gesehen haben[40], durchaus gefördert. So kommt es im Bewußtsein der Angestellten zur Vorstellung einer Selbständige, Angestellte und Beamte umfassenden Mittelschicht, welche sich in dem erwähnten hierarchischen Gesellschaftsbild niederschlägt.

Es ist für unseren Zusammenhang also von Vorteil, den Begriff der Schicht einzuführen und festzustellen, daß die Mittelschicht über ein grundsätzlich anderes Gesellschaftsbild verfügt als die Unterschicht[41] und daß diesen schichtspezifischen Gesellschaftsbildern auch, mit dem Soziologen Hans-G. Rolff zu reden, schichtspezifische *»Sozialcharaktere«* entsprechen: Der »Sozialcharakter« der Unterschichtangehörigen »ist durch das Arbeiterbewußtsein, die Abwertung von Aufstiegswünschen, das Fehlen von individuellem

[39] K. M. Bolte, ›Schichtung‹, in: R. König (Hrsg.), Fischer-Lexikon *Soziologie,* Fischer Bücherei, Frankfurt am Main 1958, S. 246.

[40] Vgl. oben S. 38.

[41] Die Oberschicht kann hier vernachlässigt werden, weil sie in ihrem sozialen Verhalten der Mittelschicht sehr weitgehend ähnelt und auch, anders als in ständischen oder Kastengesellschaften, kein eigentliches Elitebewußtsein hat: »Es gibt kein Bewußtsein der Zugehörigkeit zu einer Oberschicht, gar einer Elite, bei denen, die durch ihre Stellung ihr doch zugehören« (R. Dahrendorf, *Gesellschaft und Demokratie in Deutschland,* Piper, München 1965, S. 105).

Leistungsstreben und den Mangel an Zukunftsplanung gekennzeichnet«, der der Mittelschichtangehörigen dagegen »durch die Akzentuierung von Aufstiegswünschen, durch individuelles Leistungsstreben und durch die Bereitschaft zur Zukunftsplanung«.[42]

[42] H.-G. Rolff, *Sozialisation und Auslese durch die Schule,* Quelle & Meyer, Heidelberg ²1969, S. 29.

3. Familiale Sozialisation: Erziehungspraktiken

Der Sozialisationsprozeß hat einmal die Aufgabe, Kinder zu funktionierenden Mitgliedern der Gesellschaft oder Gruppe zu machen, in die sie hineingeboren werden; in eben dieser Funktion zielt er aber zugleich darauf ab, die Struktur der betreffenden Gesellschaft von Generation zu Generation zu konservieren. Die Sozialstruktur ist es also, welche Stilen und Zielen der Sozialisation als ihre Bedingung vorausliegt; will man diese recht verstehen, muß man zuerst jene analysieren. Die Analyse im 1. Kapitel ergab: Die westdeutsche Industriegesellschaft hat nach wie vor Klassencharakter, eine kleine Minderheit von Privilegierten verfügt über einen unverhältnismäßig hohen Anteil des Volkseinkommens sowie der Vermögen und hat die Macht, eine Mehrheit an besitzlosen Lohnabhängigen zu beherrschen und auszubeuten. Dabei sind es besonders die Arbeiter, die infolge ihrer Stellung im Produktionsprozeß zu reinen Objekten der über Kapital und Produktionsmittel Verfügenden degradiert sind. Diese betriebliche Situation wiederholt sich in der Gesamtgesellschaft, wo die sozioökonomische Kluft zwischen den Arbeitern und den ›anderen‹ nicht kleiner, sondern beständig größer wird. Die Tatsache, daß sie objektiv in jeder Weise ›unten‹ stehen, manifestiert sich bei den Arbeitern subjektiv in einem spezifischen Gesellschaftsbild, nach welchem die Gesellschaft dichotomisch in zwei Blöcke zerfällt: die Arbeiter, die unten, und die ›anderen‹, die oben sind.

Entscheidend ist nun, *daß sich an diesem Gesellschaftsbild* – mehr unbewußt als bewußt – *auch die Sozialisation des Arbeiterkindes orientiert.* D. h., Arbeitereltern, welche ihr Kind auf das Leben in der bestehenden Gesellschaft vorbereiten, verhalten sich dabei so, als sei diese von jeher, auf quasi natürliche Weise zweigeteilt, als seien sie selbst, die Arbeiter, mit schicksalhafter Notwendigkeit ›unten‹ angesiedelt und als seien Resignation, fehlendes Leistungsstreben und mangelnde Zukunftsplanung *objektiv* angemessene, richtige, normale Verhaltensweisen. Entsprechend verhalten sich Mittelschichteltern so, als seien Aufstiegs- und Leistungsstreben, Selbständigkeit, Zukunftsplanung u. a. objektiv richtig und normal. Die Normen und ›Werte‹

also, welche definitionsgemäß im Sozialisationsprozeß an die nachwachsende Generation tradiert werden, sind in unserer Gesellschaft *schichtspezifisch:* Je nach der Stellung des wichtigsten ›Sozialisationsagenten‹ (normalerweise des Familienvaters) im Produktionsprozeß sind es im einen Fall Mittelschicht-, im anderen Fall Unterschichtnormen, die das heranwachsende Kind kennenlernt und übernimmt. Kinder, die im ›subkulturellen Milieu‹ der Unterschicht aufwachsen, übernehmen vorwiegend Unterschichtnormen, Kinder im Mittelschichtmilieu vorwiegend Mittelschichtnormen – das bedeutet, *daß die dichotomische Struktur und damit der Klassencharakter der Gesellschaft durch die Formen der Sozialisation aufrechterhalten wird.*
Dieses Phänomen soll in den folgenden Kapiteln von verschiedenen Aspekten her beleuchtet und interpretiert werden. Dabei wird, wie naheliegt, zunächst die ›primäre‹ Sozialisation untersucht: diejenige in der Familie. Wir betrachten im einzelnen *Erziehungspraktiken, ›Wertorientierungen‹* und *Sprachstile.* Da dies verschiedene Aspekte des einen Sozialisationsprozesses sind, lassen sich Überschneidungen dabei nicht immer vermeiden. Von den Instanzen der ›sekundären‹ Sozialisation kann in diesem Rahmen nur die wichtigste: die *Schule* betrachtet werden.
Zuvor jedoch sollte – das gilt auch schon für die beiden vorangehenden Kapitel – daran erinnert werden, daß es sich bei der hier praktizierten Wiedergabe bestimmter Forschungsresultate, ebenso wie bei den meisten dieser Resultate selbst, um *typische* Tatbestände und Tendenzen handelt. Es wird immer wieder *einzelne* Arbeiter, Angestellte, Väter, Mütter oder Lehrer geben, die von unserer Beschreibung abweichen – aber dies ist kein Beweis für die Unrichtigkeit der Beschreibung. Ungeachtet etwa der Möglichkeit, daß ein Arbeiter zum Leiter eines Unternehmens aufsteigt (wie der jetzige VW-Generaldirektor Leiding), läßt sich sagen, daß ›die Arbeiter‹ am Fuße der Autoritätspyramide fixiert sind.

Über die in den beiden großen Sozialschichten verbreiteten Erziehungspraktiken gibt es eine größere Reihe von Untersuchungen, vor allem aus den USA. Sie dokumentieren, daß sich dort in den letzten drei bis vier Jahrzehnten besonders auf dem Gebiet der Kleinkindererziehung ein bemerkenswerter Wandel vollzogen hat: Während bis zum Ende des Krieges Unterschichtmütter generell nachgiebiger waren als die der Mittelschicht – insofern, als sie mehr zur Brusternährung tendierten, dabei eher den Eigenwünschen des Kindes folgten, dieses später entwöhnten und auch später mit der Reinlichkeitserziehung begannen, welche sie weniger streng durchführten –, ist es seitdem in all diesen Punkten genau umgekehrt. Allerdings ist die Kleinkindererziehung in dem genannten Zeitraum insgesamt toleranter geworden. Dies könnte, so vermutet Urie Bronfenbrenner, der die bis zum Jahre 1958 vorliegenden Untersuchungen miteinander verglichen hat[1], mit der weiten Verbreitung von Aufklärungsschriften, z. B. des U. S. Children's Bureau und des Kinderarztes Benjamin Spock zusammenhängen. Die Unterschiede in Mittel- und Unterschicht wären dann durch die größere Nähe zu bzw. Ferne von den Quellen der Information zu erklären. Bronfenbrenner fährt in seiner Beschreibung von »Trends in der Kindererziehung« fort:

6. Die Fakten über die Erziehung des Kleinkindes zeigen, daß Mütter aus der Mittelschicht – besonders in der Nachkriegsperiode – gegenüber den vom Kind geäußerten Bedürfnissen und Wünschen nachgiebiger geworden sind. Diese Verallgemeinerung bezieht sich auf so diverse Gebiete wie Sprech-Verhalten, Reinlichkeit, Abhängigkeit, Sexualität, Angriffslust und Bewegungsfreiheit außerhalb des Hauses.
7. Obgleich sie den zum Ausdruck kommenden Impulsen und Wünschen gegenüber toleranter geworden sind, hegen die Eltern der Mittelschicht in dieser Periode dem Kinde gegenüber höhere Erwartungen. Vom Jugendlichen der Mittelschicht erwartet man, daß er früher auf sich selbst aufzupassen lernt, daß er mehr Aufgaben zu Hause übernimmt und – vor allem – daß er in der Schule schneller vorwärtskommt.
8. In Angelegenheiten der Disziplin wenden die Eltern der Arbeiterschicht übereinstimmend weitaus häufiger körperliche Züchtigung an, während die Familien der Mittelschicht mehr auf vernünftiges Argumentieren, Isolierung, Appell an das Schuldgefühl und andere Methoden zurückgreifen, in denen die Drohung des Liebesverlustes inbegriffen ist. Wenigstens zwei voneinander unabhängige Wege der Beweisführung laufen darauf hinaus, daß die von den Eltern der Mittelschicht bevorzugten Techniken eher geeignet sind, die Entwicklung von verinnerlichten Werten und Kontrollen zu erreichen. Überdies dürfte der Erfolg dieser Methoden, nicht zuletzt aus theoretischen Gründen, durch die nachgiebigere Atmosphäre vergrößert werden, die

[1] U. Bronfenbrenner, ›Socialization and social class through time and space‹, in: E. E. Maccoby, T. M. Newcomb und E. L. Hartley (Hrsg.), *Readings in Social Psychology*, Holt, New York, [3]1958.

die Kinder der Mittelschicht neuerdings in ihren frühen Jahren erfahren.[2]

Wichtig an diesen Ausführungen ist vor allem der Hinweis auf die mittelschichtspezifische Förderung der *Verinnerlichung* von ›Werten‹ und Kontrollen. Damit ist gesagt, daß das Mittelschichtkind in der Regel ein differenzierteres und besser integriertes *Gewissen* hat. Um zu verstehen, was das heißt, müssen wir kurz auf die psychoanalytische Theorie der Gewissensbildung eingehen.

Exkurs: *Psychoanalytische Theorie der Gewissensbildung*

Vorformen einer Gewissensinstanz lassen sich zuerst in der zweiten der drei ›psychosexuellen‹ Phasen, in die nach Freud die Entwicklung des Kindes in den ersten sechs Jahren zerfällt, beobachten: in der *›analen‹* Phase. Zu Beginn dieser Phase: gegen Ende des ersten Lebensjahres tritt das Kind aus dem Stadium der absoluten Abhängigkeit heraus und beginnt seinen Willen zu erproben. Es entdeckt, daß es durch willentliche Zurückhaltung oder Abgabe des Darminhaltes die soziale Umgebung mehr oder weniger von sich abhängig machen kann. Bisher ist ihm nur gegeben worden – jetzt gibt es selbst.[3] Dieses aktive Geben ist das Erste, was das Kind selbständig ›macht‹, seine erste Leistung; deshalb erscheint ihm das Geleistete notwendig als wertvoll. Für die psychische und soziale Entwicklung des Kindes ist es von großer Bedeutung, in welchem Maß die Mutter fähig ist, diese Tatsache zu erkennen. Ist sie – etwa infolge ihrer eigenen Erziehung – dazu nicht fähig, beschämt oder straft sie das Kind für sein Unvermögen, so reagiert das Kind notwendig mit Unverständnis: Was für es selbst wertvoll ist, ist für die Mutter wertlos; daran können sich lebenslange Selbstzweifel knüpfen, und das Vertrauen in die eigene Leistung kann grundlegend erschüttert werden. Hat die Mutter dagegen ein Gespür für die Bedürfnisse des Kindes, so wird dieses Selbstbeherrschung erwerben, ohne sein Selbstwertgefühl zu verlieren. Es wird, wenn es fühlt, daß seine Willensäußerungen sein ›Urvertrauen‹ zu sich selbst und zu anderen nicht bedrohen, daß es trotzdem weiter geliebt wird, der Mutter zuliebe sauber werden.

[2] Ebenda, S. 425; zitiert nach: H. G. Rolff, *Sozialisation und Auslese durch die Schule,* Quelle & Meyer, Heidelberg, [2]1969, S. 34 f.

[3] Vgl. dazu und zum Folgenden E. H. Erikson, *Identität und Lebenszyklus,* Suhrkamp, Frankfurt am Main 1966, S. 75 ff.

In der analen Phase wird durch die Art und Weise der Reinlichkeitserziehung die Bildung einer Gewissensinstanz vorbereitet. Von einem eigentlichen Gewissen läßt sich zu dieser Zeit noch nicht reden, weil die moralischen Forderungen und Einschränkungen, mit denen sich das Kind konfrontiert sieht, noch ein Teil seiner sozialen Umwelt und an die Anwesenheit bestimmter Personen gebunden sind. Ist die Mutter oder eine andere Autoritätsperson zugegen, so wird es von einem bestimmten Zeitpunkt an bemüht sein, sauber zu bleiben – sei es ihr zuliebe, sei es aus Furcht vor Bestrafung –; ist sie abwesend, so kann es aus Trotz oder Vergeßlichkeit das Unerwünschte dennoch tun. Das ändert sich in der nächsten, der ›infantil-genitalen‹ oder *›ödipalen‹* Phase. »Irgendwann im Alter von ungefähr fünf oder sechs Jahren fängt die Moral an, zu einer Sache des Inneren zu werden. Das ist der Zeitpunkt, zu dem, wie wir glauben, das Kind zuerst zu empfinden beginnt, daß moralische Maßstäbe und die Forderung, daß Unrechttun bestraft, bereut und ungeschehen gemacht werden muß, aus seinem eigenen Innern kommen, nicht von einer anderen Person, der es gehorchen muß.«[4]

Die ödipale Phase ist nach dem ›Ödipuskomplex‹ benannt, der in ihrem Mittelpunkt steht; Ödipus ist der mythische König, welcher, ohne es zu wissen, seinen Vater tötete und seine Mutter heiratete. Sigmund Freud griff auf diesen Mythos zurück, um die Phantasien zu bezeichnen, welche bei allen Kindern vom dritten Lebensjahr an die Entdeckung des anatomischen Geschlechtsunterschiedes und die Entstehung lustvoller Empfindungen in den eigenen Genitalien zu begleiten pflegen. Weil der kleine Junge das männliche Genitale an sich entdeckt, fühlt er sich als Mann und will sein wie ein Mann; das kleine Mädchen fühlt sich entsprechend als Frau und will sein wie eine Frau. Für das, was ein Mann bzw. eine Frau ist, hat das Kind nun aber eindeutige Vorbilder: die Eltern. Sein wie ein Mann heißt also (wir betrachten der Einfachheit wegen nur die Entwicklung beim Jungen) sein wie der Vater. Der Vater ist der Mann der Mutter. Der Junge will also der Mann der Mutter sein. Dabei ist der wirkliche Mann der Mutter: der Vater störend. Ihn gilt es als Rivalen auszuschalten. Die ödipale Phase ist also durch aggressive Phantasien gegenüber dem gleichgeschlechtlichen und durch inzestuöse Phan-

[4] Ch. Brenner, *Grundzüge der Psychoanalyse,* S. Fischer, Frankfurt am Main 1967, S. 135.

tasien gegenüber dem gegengeschlechtlichen Elternteil ausgezeichnet. Die aggressiven Phantasien treffen dabei jedoch auf anders geartete Regungen im Kind: Der gehaßte Vater wird einmal wegen verschiedener positiver Eigenschaften wie Klugheit, Stärke, Geschicklichkeit *auch* bewundert; zum andern ist er als Erwachsener ungleich mächtiger als das Kind und könnte sich für dessen Haß rächen. In der Phantasie des Jungen stellt sich diese Rache als Kastration dar: Wenn zwei Männer – so ist seine Überlegung – um eine Frau rivalisieren, sucht der eine den andern als Mann auszuschalten. Die Wahrnehmung des Jungen, daß es penislose Wesen: Mädchen in der Tat gibt, läßt die Angst vor der Kastration als durchaus realistisch erscheinen. Aus dieser Angst heraus gibt er seine inzestuösen und aggressiven Impulse schließlich auf. Er nimmt – in der Regel zu Recht – an, daß die Eltern beides mißbilligen, und *identifiziert* sich mit den mißbilligenden Eltern. Er macht sich also ihre Forderungen und Einschränkungen zu eigen, nimmt diese in sich hinein, *verinnerlicht* sie. Die Grundlage der Verinnerlichung, die zur Gewissensbildung führt, ist also eine sekundäre Identifizierung: Zuerst, in der primären Identifizierung, will das Kind in *sexueller* Hinsicht sein wie der gleichgeschlechtliche Elternteil; nachdem dies an der phantasierten Kastrationsdrohung und der Furcht vor dem Verlust der elterlichen Liebe gescheitert ist, identifiziert es sich in *moralischer* Hinsicht mit den Eltern. Durch die sekundäre Identifizierung erhalten die elterlichen Verbote – die zunächst und zuinnerst die ›ödipalen‹ Wünsche, darüber hinaus aber im Laufe der Zeit noch eine ganze Reihe anderer sozial mißbilligter Regungen betreffen – »einen festen, dauerhaften Platz in der Psyche . . ., wo sie stets ein wachsames Auge auf das Es [= die Gesamtheit der unbewußten sexuellen und aggressiven Triebe, KJH] haben. Es ist, als ob das Kind, indem es sich auf diese Weise mit seinen Eltern identifiziert, die Gewähr hat, daß diese immer da sind, so daß, sobald ein Es-Impuls die Oberhand zu gewinnen droht, die Eltern zur Stelle sind, um ihre Forderung auf Verwerfung dieses Impulses durchzusetzen.«[5] Deshalb, weil es wie die Eltern stets ›über‹ dem Ich des Kindes wacht, heißt das Gewissen in der Psychoanalyse »Über-Ich«.

Ein wichtiger Aspekt der Gewissensbildung ist die Tatsache, daß das Kind die elterlichen Ge- und Verbote zum

[5] Ebenda, S. 136.

großen Teil als *mündliche* Befehle, Mahnungen und Mißbilligungen erlebt. Das hat zur Folge, daß das Gewissen eine enge Beziehung zu Hörerinnerungen aufweist, besonders zu Erinnerungen an das gesprochene Wort. Der Schweizer Lehrer und Psychoanalytiker Hans Zulliger hat dies nachgewiesen, indem er seine Schüler aufforderte anzugeben, wen sie hörten, wenn ›das Gewissen‹ zu ihnen spreche:

»Wenn ich etwas Schlechtes anstellen will«, äußert sich ein zehnjähriger Bauernbub, »dann höre ich die innere Stimme. Sonst höre ich sie nicht. Wenn ich denke, ich will Meertrauben (= Johannisbeeren), dann schweigt sie. Denn ich darf in die Meertrauben. Aber wenn ich denke, ›ich will eine Stange spitzen und in der Schnefelkammer ein Zugmesser nehmen‹, dann höre ich die Stimme. Sie sagt: ›Nimm dich in acht!‹ Der Vater hat verboten, daß ich sein Werkzeug brauche. Ich mache ihm die Schneiden kaputt. Die Stimme, die sagt: ›Nimm dich in acht!‹ ist Vaters Stimme. Es ist so, als ob ich Vaters Stimme hörte. Sie klingt gleich wie seine. Und wenn er da wäre, würde er auch sagen: ›Nimm dich in acht!‹«[6]

Von hier aus wird die Redewendung verständlich, welche von der ›Stimme des Gewissens‹ spricht. Und es erhellt überdies, daß das Wohlbefinden des kindlichen wie des erwachsenen Individuums entscheidend von der ›Tonart‹ abhängt, mit der diese Stimme spricht. Ist sie, wie bei depressiven Gemütskranken, überstreng, beschimpft, erniedrigt und verurteilt sie das Individuum schon bei der geringsten Verfehlung, so wird dieses ob seiner Triebnatur fortwährend heftige Schuldgefühle und Ängste entwickeln. Ist die ›Stimme‹ dagegen verständnisvoll, läßt sie sozusagen mit sich reden, so wird das Individuum nicht nur freier von Angst, sondern überhaupt freier sein. Es wird mehr aus Einsicht und weniger aus Angst auf diese oder jene Triebbefriedigung verzichten.

Wir haben nun aber gesehen, daß die ›Stimme des Gewissens‹ die verinnerlichte Stimme der Eltern ist. Das bedeutet, daß das Gewissen stets so mit dem Kind spricht, wie die Eltern mit ihm gesprochen haben. Haben *sie* Verständnis für seine Bedürfnisse, für die Schwierigkeit, sauber zu werden, für die Bedeutung der Ausscheidungen, die Lust am eigenen Körper, die inzestuösen und aggressiven Triebregungen gegenüber sich selbst gezeigt, haben sie die un-

[6] H. Zulliger, *Umgang mit dem kindlichen Gewissen*, Fischer Bücherei 1069, Frankfurt am Main und Hamburg 1969, S. 28 f.

umgänglichen Einschränkungen und Verbote begründet, haben sie überhaupt mehr mit dem Kind gesprochen, argumentiert als blinden Gehorsam, die Unterwerfung unter ihrem Sinn nach nicht verstandene Befehle verlangt, so wird das Gewissen in hohem Maße zu einem integralen Teil der kindlichen Persönlichkeit werden. Damit ist aber nichts anderes gesagt, als daß eine solche Erziehung autonome, d. h. ihr Verhalten und Handeln selbst kontrollierende Persönlichkeiten fördert. Umgekehrt bewirkt eine Erziehung, die auf Verständnis und Begründungen verzichtet und nur den Willen des Kindes zu ›brechen‹ sucht, daß das Gewissen etwas der Persönlichkeit Äußerliches, bleibt, eine gleichsam fremde Macht, die unnachsichtig richtend nicht nur jeden Es-Impuls, sondern auch jede weitergehende Initiative des Ichs unterbindet.

Kehren wir nun zu Bronfenbrenner zurück. Wenn er feststellt, daß die Erziehungspraktiken der Mittelschicht mehr zu verständnisvoller Sauberkeits- und Sexualerziehung, zur Förderung von Eigeninitiative und Selbständigkeit, zur Bevorzugung ›indirekter‹ Disziplinierungsmethoden wie Argumentieren, Appellieren an die eigene Einsicht, Drohung mit Liebesentzug tendieren als die der Unterschicht und daß demgegenüber die Unterschichtpraktiken stärker auf Sauberkeit, Ordnung sowie unbedingten Gehorsam abzielen und dabei häufiger körperliche Züchtigung einschließen, so kann das nach den obigen Überlegungen nur heißen, daß die mittelschichtspezifischen Formen der Sozialisation in ungleich stärkerem Maß auf Selbstkontrolle ausgerichtet sind. Das zeigt sich auch dann, wenn man untersucht, welche Verhaltensweisen des Kindes in beiden Schichten zum Anlaß für Bestrafungen genommen werden. Der Soziologe Melvin L. Kohn hat nachgewiesen[7], daß Unterschichteltern ihre Kinder häufiger körperlich strafen, wenn sie sich mit ihren Geschwistern prügeln, aber seltener, wenn sie nur verbal mit ihnen streiten, während Mittelschichteltern in diesem Punkt keinen Unterschied in der Härte der (freilich generell milderen) Strafe machen; er hat ferner gezeigt, daß Unterschichteltern wildes Spielen genauso hart bestrafen wie Wutausbrüche, während Mittelschichteltern solche Ausbrüche entschieden strenger bestrafen. Diese Befunde interpretiert Kohn dahingehend, daß wilde Spiele im Ge-

[7] M. L. Kohn, ›Social class and parent-child relationship: an interpretation‹, in: *American Journal of Sociology* 68, 1963.

gensatz zu Wutausbrüchen nicht mit dem Verlust der Selbstkontrolle einhergehen und deshalb milder bestraft werden können, während ein verbaler Streit unter diesem Gesichtspunkt genauso gravierend ist wie eine Prügelei. Mittelschichteltern, sagt Kohn, bestrafen also im Gegensatz zu denen der Unterschicht die *innere, subjektive Absicht* stärker als die tatsächliche Handlung; sie fördern auf diese Weise die allmähliche Verinnerlichung der elterlichen Kontrolle und damit die Stärkung der Selbstkontrolle.

Ein weiterer wichtiger Punkt, auf den Bronfenbrenner hingewiesen hat, ist der Umstand, daß Eltern der Mittelschicht von ihren Kindern, obwohl sie sie nachsichtiger und liebevoller behandeln, früher und häufiger Mithilfe im Haushalt, die Beaufsichtigung jüngerer Geschwister, das selbständige Ordnen und Weglegen der Kleidung sowie allgemein die Ausbildung eines selbständigen, auf die Zukunft gerichteten *Leistungsstrebens* erwarten.[8]

Mangelhaftes oder intensives Leistungsstreben ist, im Gegensatz zu einer weitverbreiteten Auffassung, keine Sache des Willens oder gar der ›Veranlagung‹, sondern ein Resultat elterlicher Erziehungseinflüsse. Ob ein Kind eine hohe oder eine niedrige ›Leistungsmotivation‹ – also »das Bestreben, die persönliche Tüchtigkeit in allen jenen Tätigkeiten zu steigern oder möglichst hochzuhalten, in denen man einen Gütemaßstab für verbindlich hält und deren Ausführung deshalb gelingen oder mißlingen kann«[9] – entwickelt, hängt zunächst, bis zum dritten Lebensjahr, von der Fähigkeit bzw. Unfähigkeit der Mutter ab, die Bedeutung der Ausscheidungsvorgänge und der mit ihnen verbundenen ersten sozialen Initiativen zu erkennen. Ist das Urvertrauen des Kindes zum Leben in dieser Zeit nicht schwerwiegend erschüttert worden – auch nicht durch Leistungserwartungen intellektueller oder körperlicher Art, die seine aktuellen Fähigkeiten übersteigen –, so besteht eine gute Grundlage für die Entwicklung einer hohen Leistungsmotivation. Ansätze dazu lassen sich zuerst im vierten Lebensjahr beobachten, »in einem Alter, in dem Erfolgsfreude und Mißerfolgsbeschämung möglich sind und die Wirkungen des eigenen Handelns als persönliche Tüchtigkeit oder Untüchtigkeit erlebt werden können«.[10] Der Mißerfolg wird

[8] U. Bronfenbrenner, a. a. O., S. 415 f.

[9] H. Heckhausen, ›Leistungsmotivation‹, in: H. Thomae (Hrsg.), *Handbuch der Psychologie,* 2. Bd., Verlag für Psychologie, Göttingen 1965, S. 604.

[10] G. Grauer, ›Die Entwicklung des Leistungsstrebens‹, in: *b:e*-Redaktion (Hrsg.), *Familienerziehung, Sozialschicht und Schulerfolg,* Beltz, Weinheim 1971, S. 62.

jedoch auf dieser Altersstufe, »statt ihn einzugestehen und wettzumachen, geleugnet, vertuscht, entschuldigt oder vorsorglich vermieden; sei es, daß man vor einer erneuten Leistungsbemühung ausweicht oder durch besondere Vorkehrungen die Möglichkeit eines Mißerfolges ausschließt«.[11] Mit viereinhalb Jahren vermag das Kind dann bereits zwischen Aufgaben mit verschiedenem Schwierigkeitsgrad zu unterscheiden und dadurch die Chance von Erfolg oder Mißerfolg in gewissem Sinn rational zu kalkulieren. Für welchen Schwierigkeitsgrad es sich dabei entscheidet, hängt von seinem sich jetzt herausbildenden *Anspruchsniveau* ab. Dieses ist eine direkte Konsequenz der elterlichen, vor allem der mütterlichen Erziehungshaltung.

Die Psychologin Marian Winterbottom hat eine Gruppe von Müttern achtjähriger Jungen mit unterschiedlicher Leistungsmotivation interviewt, um herauszufinden, in welchem Alter sie bestimmte Anforderungen an ihre Kinder stellten und ihnen Beschränkungen auferlegten.[12] Das Ergebnis der Untersuchung faßt Hans-G. Rolff zusammen:

[Sie zeigt], daß die Mütter von Kindern mit hohem Leistungsstreben, den Hochmotivierten, dazu tendieren, Selbständigkeit, Selbstvertrauen und Selbstkontrolle (selfreliant mastery) früher von ihren Kindern zu verlangen als die Mutter von Söhnen mit niedrigem Leistungsstreben, den Niedrigmotivierten. Erstere erlegen ihren Kindern auch durchschnittlich weniger Restriktionen auf; aber sie bestehen auf diesen Restriktionen, so selten sie auch sind, früher als die Mütter der Niedrigmotivierten. Jedoch noch früher bemühen sich die Eltern der Hochmotivierten, ihren Kindern Selbstvertrauen zu vermitteln. Die Vermittlung des Selbstvertrauens geht dem Alter, in dem Restriktionen und Verbote auferlegt werden, prinzipiell voran. Die Jungen werden überhaupt erst einmal ermutigt, irgend etwas zu meistern, und erst wenn das gelungen ist, beginnen die Einschränkungen, die das bereits Erlangte und Gemeisterte vor Regressionen bewahren. Der Erziehung zur Selbständigkeit, zu Selbstvertrauen und Selbstkontrolle kommt also größere Bedeutung zu als der Auferlegung von Restriktionen. Im Gegensatz dazu bestehen die Eltern der Niedrigmotivierten insgesamt mehr auf Restriktionen. Sie erwarten auch nicht, daß ihre Kinder im frühen Alter von etwa sechs Jahren, das für die Hochmotivierten typisch ist, Selbständigkeit, Selbstvertrauen und Selbstbeherrschung entwickeln. Schließlich ermittelte Winterbottom, daß die Mütter der

[11] H. Heckhausen, a. a. O., S. 679.

[12] M. R. Winterbottom, ›The relation of need for achievement to learning experiences in independence and mastery‹, in: J. W. Atkinson (Hrsg.), *Motives in Fantasy, Action, and Society,* van Nostrand, Princeton, N. J. 1958.

Hochmotivierten ihre Kinder für die Erfüllung einer Leistungsforderung weitaus häufiger emotional belohnen, sie zum Beispiel küssen oder umarmen, als die Mütter der Niedrigmotivierten.[13]

Bernard C. Rosen und Roy D'Andrade gingen noch weiter als Winterbottom.[14] Sie verließen sich nicht auf die Auskünfte der Mütter, sondern beobachteten die Eltern-Kind-Beziehungen unmittelbar in experimentellen häuslichen Situationen, um das Verhalten beider Eltern gegenüber ihren Kindern festzustellen, während diese bestimmte Aufgaben zu lösen hatten. Eine der Aufgaben bestand darin, aus unregelmäßig geformten Bauklötzen einen Turm zu errichten. Den Kindern, neun bis elf Jahre alten Jungen, wurden die Augen verbunden; außerdem durften sie nur eine Hand benutzen. Die Eltern durften ihnen bei der Lösung der Aufgabe helfen, allerdings die Klötze nicht berühren. Vorher wurden sie darauf hingewiesen, daß ein ›durchschnittlicher‹ Junge einen Turm aus acht Klötzen errichten könne, und aufgefordert zu schätzen, wie viele Klötze ihr eigener Sohn aufeinandertürmen könne.

Dabei zeigte sich, daß die Eltern hochmotivierter Kinder die Höhe des zu erbauenden Turmes von vornherein höher einschätzten als die der Niedrigmotivierten, also ein höheres Anspruchsniveau, höhere Erwartungen hatten. Die Intensität des Leistungsstrebens, so folgerten Rosen und D'Andrade, hängt also primär davon ab, welche Erwartungen Eltern gegenüber ihren Kindern hegen. Darüber hinaus ist aber auch das ›Familienklima‹ von großer Bedeutung. Die Eltern derjenigen Kinder, welche die höchsten Türme bauten, zeigten durchweg ein Verhalten, das die Autoren mit dem Ausdruck »Wärme« wiedergeben; d. h., sie nahmen starken inneren Anteil an der Lösung der Aufgaben, ›gingen mit‹ – sei es in ängstlicher Spannung, sei es in zufriedenem Lachen über einen gelungenen Lösungsschritt –, ermunterten und lobten ihre Kinder. Zugleich waren jedoch wenigstens die Mütter der Hochmotivierten schneller mit Kritik und Mißbilligung bei der Hand, wenn ein Mißerfolg zu verzeichnen war; stellten sich dagegen Erfolge ein, so steigerten sie rasch ihre Leistungserwartungen.

Vergleicht man die Resultate der Untersuchungen von Winterbottom und Rosen/D'Andrade mit Bronfenbren-

[13] H.-G. Rolff, a. a. O., S. 40.

[14] B. C. Rosen und R. D'Andrade, ›The psychosocial origins of achievement motivation‹, in: *Sociometry* 22, 1959.

ners Feststellungen über schichtspezifische Erziehungspraktiken, so ist leicht auszumachen, daß die Praktiken der Mittelschicht eine hohe Leistungsmotivation begünstigen. Denn die wesentlichen Merkmale dieser Erziehung – Nachgiebigkeit und Verständnis gegenüber frühen Willensäußerungen des Kindes, Förderung der Selbstkontrolle und der Verinnerlichung von Verhaltenserwartungen, hohe und relativ frühe Anforderungen an die Leistungsfähigkeit des Kindes, verbunden mit häufigen Belohnungen vor allem affektiver Art – sind zugleich zentrale Voraussetzungen für die Entwicklung eines intensiven, verinnerlichten Leistungsstrebens.[15] Daß dies nicht nur ein Analogieschluß, daß hohe Leistungsmotivation vielmehr wirklich ein für die Mittelschicht spezifisches Merkmal ist, mag zum Abschluß durch eine Studie der Psychologin Elizabeth Douvan verdeutlicht werden.[16] Sie stellte einer Gruppe von Highschool-Schülern zwei Aufgaben, teilte allerdings nicht mit, daß beide unlösbar waren. Mit der ersten solle, so erklärte sie, lediglich das allgemeine Leistungsniveau gemessen werden; bei der zweiten waren Preise von zehn Dollar für die besten Lösungsversuche ausgesetzt. Die Auswertung der Ergebnisse zeigte, daß bei der ersten Aufgabe, wo es primär darum ging, das eigene Leistungsniveau zu demonstrieren und anerkannt zu bekommen, die Leistungen der Mittelschichtschüler außerordentlich viel besser waren als die der Unterschichtschüler. Bei der zweiten Aufgabe, wo es um eine ansehnliche materielle Belohnung ging, waren die Leistungen beider Gruppen etwa gleich gut. Douvan interpretiert dieses Resultat so: »Ausmaß und Art der Leistungsreaktionen hängen von der sozialen Schichtzugehörigkeit ab. Die Mitglieder der Mittelschicht zeichnen sich durch ein stärker verselbständigtes und generalisiertes Erfolgsstreben aus, während die Leistungsmotivation von Individuen aus der Arbeiterschicht in höherem Maß von der mit der Aufgabenlösung verbundenen Belohnung abhängt«[17], also in ungleich geringerem Maß verinnerlicht ist.

Gegen diese wie gegen alle bisher referierten Untersuchungen läßt sich nun ein naheliegender Einwand vorbringen: Sind Befunde, die für die USA repräsentativ sein mögen, überhaupt auf die Situation in der Bundesrepublik über-

[15] Vgl. H. G. Rolff, a. a. O., S. 42.

[16] E. Douvan, ›Social status and success strivings‹, in: *Journal of Abnormal and Social Psychology* 52, 1956.

[17] Ebenda, S. 222.

tragbar? Es ist bezeichnend für die Forschungssituation, daß man sogar zur Beantwortung dieser Frage wieder wesentlich auf amerikanische Studien zurückgreifen muß.
Edward C. Devereux und seine Mitarbeiter[18] haben das »Verhalten der Eltern in den Vereinigten Staaten und in der Bundesrepublik« untersucht und gefunden, daß die letzteren ihre Kinder im Durchschnitt schärfer kontrollieren, aber zugleich auch intensiver ihre »liebevolle Zuneigung« zum Ausdruck bringen als amerikanische Eltern. Sie halten ihre Kinder auf diese Weise länger in Abhängigkeit, erwarten später selbständiges Verhalten, die Ausbildung individueller Fähigkeiten und Leistungen aus eigenem Antrieb. Eine Konsequenz dieser Erziehung ist es auch, daß sich deutsche Kinder in ihrem Verhalten stärker an den Normen der Erwachsenen und weniger an denjenigen ihrer Altersgenossen, ihrer ›peer group‹ orientieren. Don W. Rapp hat die Ergebnisse von Devereux u. a. zumindest für die Mütter in beiden Ländern bestätigt.[19] Was seine Untersuchung jedoch von der letzteren positiv abhebt, ist die Tatsache, daß sie schichtspezifisch angelegt ist. So weist sie zwar einerseits auf, daß deutsche Mütter aller Sozialschichten mehr Kontrolle ausüben als amerikanische, macht aber zum andern auch klar, daß in beiden Ländern die Mütter der Unterschicht ihre Kinder schärfer kontrollieren und insgesamt autoritärer erziehen als Mittelschichtmütter.[20] Rapp bestätigt also, daß die *Tendenz,* welche die in diesem Kapitel angezogenen amerikanischen Untersuchungen spiegeln, auch in der Bundesrepublik zu beobachten ist: »Die spezifischen Unterschiede in den Erziehungspraktiken der unteren und oberen sozialen Schichten sind in Deutschland ähnlich wie in den USA.«[21]
Wir können also resümieren, daß die in der Mittelschicht praktizierte Erziehung im Gegensatz zu der der Unterschicht die Entwicklung eines gut integrierten Gewissens, den Erwerb eines relativ hohen Maßes an Selbständigkeit, Selbstkontrolle, Autonomie und die Verinnerlichung intensiven Leistungsstrebens fördert. Ob derartige Qualitäten,

[18] E. C. Devereux, U. Bronfenbrenner und G. J. Suci, ›Zum Verhalten der Eltern in den Vereinigten Staaten und in der Bundesrepublik‹, in: L. v. Friedeburg (Hrsg.), *Jugend in der modernen Gesellschaft,* Kiepenheuer & Witsch, Köln und Berlin 1965.
[19] D. W. Rapp, ›Child rearing attitudes of mothers in Germany and the United States‹, in: *Child Development* 32, 1961.
[20] Vgl. ebenda, S. 677.
[21] *Sozialisation und kompensatorische Erziehung,* vervielf. Manuskript, Berlin 1969, S. 111.

z. B. das Leistungsstreben, sämtlich *wünschenswert* sind, steht auf einem anderen Blatt. Um dies beurteilen und eventuell kritisieren zu können, müssen wir zunächst die ›Wertvorstellungen‹ betrachten, an welchen sich die Erziehungspraktiken der beiden Sozialschichten orientieren.

4. Familiale Sozialisation: ›Wertorientierungen‹

Alfred Pressel[1] kritisiert zu Recht die in der formalen Sozialisationstheorie häufig anzutreffende Unterscheidung zwischen sozialem und ›kulturellem‹ System, die besonders in der Trennung von gesellschaftlich institutionalisierten Normen und ›Werten‹ zum Ausdruck kommt. Daß sich ›Werte‹ nicht von dem historisch-gesellschaftlichen Zusammenhang isolieren lassen, innerhalb dessen sie eine regulative Geltung haben sollen, daß diese Geltung stets auf ihre Genese zurückverweist, hat schon die Kritik an der sogenannten Wertphilosophie gezeigt, auf welche die Trennung zwischen Normen und ›Werten‹ geschichtlich zurückgeht. Ein ›Geltendes‹, das sich nicht begrifflich, sondern nur intuitiv fassen, ›fühlen‹ lassen soll wie z. B. ›das‹ Wahre, Schöne, Gute oder Heilige, ist, entgegen der Versicherung der Wertphilosophen (Windelband, Rickert u. a.), nichts anderes als ein von seiner Geschichte abgeschnittener *Begriff*. Es sind immer Menschen, die etwas wahr, schön, gut oder heilig nennen; ›das Heilige‹ ist nur die Abstraktion von allen Einzelerfahrungen mit heiligen Menschen, Gegenständen, Orten, Situationen und als eine solche Abstraktion ein Begriff. Der Begriff bezeichnet also das einer Reihe von individuellen Gegenständen usw. Gemeinsame, das an ihnen Identische, Allgemeine. Sind nun aber ›Werte‹ uneingestandenermaßen Begriffe, so kann Pressel von ihnen, soweit es sich um gesellschaftliche ›Werte‹ handelt, zutreffend sagen, »daß sie das Wesen der betreffenden Gesellschaft im Vergleich zu den von ihnen abgeleiteten gesellschaftlichen Erscheinungsweisen der institutionalisierten Normen in besonderer *Reinheit* darstellen«.[2] Um das »Wesen der betreffenden Gesellschaft«, Gruppe oder Schicht zu erfassen, muß es von dieser Überlegung her besonders legitim sein, nach dem zu fragen, was die Soziologie als ihre ›Wertorientierungen‹ ermittelt hat. Natürlich darf die soziale Genese solcher Orientierungen dabei nie außer acht gelassen, darf diesen keine absolute,

[1] A. Pressel, ›Sozialisation‹, in: J. Beck, M. Clemenz, F. Heinisch, E. Jouhy, W. Markert, H. Müller und A. Pressel, *Erziehung in der Klassengesellschaft*, List, München 1970, S. 132.
[2] Ebenda; Kursivierung KJH.

von der konkreten soziohistorischen Situation unabhängige ›Geltung‹ zugeschrieben werden. Unter diesem Vorbehalt jedoch können Untersuchungen über ›Wertorientierungen‹ für unsere Darstellung durchaus herangezogen werden.

Eine dieser Untersuchungen ist Bernard C. Rosens inzwischen klassische Studie über das »Leistungssyndrom«.[3] Rosen unterscheidet zwischen einem »psychologischen Faktor«: der Leistungsmotivation und einem »kulturellen Faktor«: eben den ›Wertorientierungen‹. Er geht davon aus, daß Leistungsmotivation allein kein zureichender Grund für »Aufstiegsmobilität«, also z. B. Schul- oder Berufserfolg, ist, da sie als solche nicht notwendig auf Schule oder Beruf gerichtet zu sein braucht; sie kann sich in gleicher Weise »auf so unterschiedliche Handlungen wie religiöse Aktivitäten, saloppes Freizeitverhalten oder Geldschrankknacken beziehen«.[4] Daher müssen Rosen zufolge zunächst Ziele definiert werden, die durch leistungsmotiviertes Handeln anzustreben sind, muß Klarheit über die Situationen herrschen, in denen Leistungen erwartet werden. Solche Klarheit gewinne der einzelne aus seinen jeweiligen ›Wertorientierungen‹.

Rosen hat 120 Oberschüler nach drei dieser Orientierungen befragt: nach ihrer Einstellung zu Problemen der physischen und sozialen Umwelt, nach ihrer bevorzugten Zeitdimension und nach ihrer spezifischen Beziehung zur eigenen Verwandtschaft. Die Antwort auf die erste Frage sollte zeigen, ob der Betreffende *»aktivistisch«* oder *»passivistisch«* orientiert war, d. h. ob er darauf vertraute, seine Umweltsituation aus eigener Kraft verändern zu können, oder ob er glaubte, individuelle Anstrengungen seien nutzlos, weil sich doch nichts ändere. Die Antwort auf die zweite Frage sollte Hinweise auf seine Einstellung zu *Gegenwart* oder *Zukunft* und das daraus resultierende Verhalten geben: ob er also primär an jetzt und hier zu erreichenden materiellen Befriedigungen interessiert, d. h. »gegenwartsorientiert« war oder ob er auf langfristige Planung vertraute und davon überzeugt war, daß man zugunsten späterer Ziele zeitweilige Opfer auf sich nehmen müsse (»zukunftsorientiert«). Mit der dritten Frage schließlich sollte

[3] B. C. Rosen, ›The achievement syndrome‹, in: *American Sociological Review* 21, 1956.

[4] H.-G. Rolff, *Sozialisation und Auslese durch die Schule,* Quelle & Meyer, Heidelberg [2]1949, S. 46.

ermittelt werden, ob der Betreffende eher »*familistisch*« oder eher »*individualistisch*« orientiert war, ob er also mit besonderer Intensität wünschte, in der Nähe der Herkunftsfamilie zu bleiben, oder ob er bereit war, auch enge Familienbindungen zu lösen, die seine eigene Mobilität behinderten.
Das Ergebnis der Befragung war eindeutig: Unter den aus Mittelschichtfamilien stammenden Schülern war ein statistisch weitaus größerer Anteil »aktivistisch«, »individualistisch« und »zukunftsorientiert« als unter den Unterschichtschülern. Eine Konsequenz dieser schichtspezifischen ›Wertorientierungen‹ war die Tatsache, daß Mittelschichtschüler auch in ungleich stärkerem Maß den Wunsch äußerten, eine weiterführende Schule zu besuchen. Daß sie außerdem auch die besseren Schulleistungen zeigten, ist nicht mehr weiter erstaunlich, jedoch nicht notwendig eine Voraussetzung für jenen Wunsch. »Das bedeutet, daß selbst für Schüler der Unterschicht mit sehr hoher Leistungsmotivation der Wunsch nach einem akademischen Studium gewöhnlich außerhalb ihres Anspruchsniveaus liegt, da ihnen in ihrer Erziehung die entsprechenden zukunftsgerichteten Zielsetzungen nicht vermittelt wurden.«[5]
Besonders die Zukunftsorientierung hat sich als ein für Mittelschichtangehörige charakteristisches und folgenreiches Merkmal erwiesen. Aus ihr resultiert, was man in der Sozialpsychologie ›deferred gratification pattern‹ (DGP) nennt – ein Verhaltensmuster, das vor allem durch den Aufschub unmittelbarer Befriedigungen zugunsten späterer Ziele gekennzeichnet ist. Louis Schneider und Sverre Lysgaard, die den Begriff prägten[6], präzisierten ihn – auf der Grundlage einer für die USA repräsentativen Auswahl von 2500 Highschool-Schülern – auch inhaltlich: Sie stellten fest, daß Unterschichtschüler sich häufig in Prügeleien verwickeln lassen, ihr Taschengeld leichtsinnig ausgeben, sich weniger für Schule und weitere Ausbildung interessieren, früher von ihren Eltern finanziell unabhängig werden wollen und ihre sexuellen Bedürfnisse direkter zu befriedigen trachten, wohingegen Schüler aus der Mittelschicht in all diesen Punkten ein konträres Verhalten zeigen; die letzteren orientieren sich am ›deferred gratification pattern‹, die ersteren nicht.

[5] G. Grauer, ›Die Entwicklung des Leistungsstrebens‹, in: b:e-Redaktion (Hrsg.) *Familienerziehung, Sozialschicht und Schulerfolg,* Beltz, Weinheim, Berlin und Basel 1971, S. 75.
[6] L. Schneider und S. Lysgaard, ›The deferred gratification pattern‹, in: *American Sociological Review* 18, 1953.

Die problematischen Schlüsse, die Schneider und Lysgaard aus ihren Befunden zogen[7], brauchen uns hier kaum zu interessieren. Wichtiger ist ihre Feststellung, daß Unterschichtangehörige in ihrer großen Mehrzahl zu langfristiger Planung unfähig sind (eine im übrigen sehr weit verbreitete Auffassung, die in der Bundesrepublik z. B. in der Tatsache Ausdruck findet, daß Arbeiter im Gegensatz zu allen übrigen Unselbständigen ihren Lohn meist wöchentlich ausgezahlt erhalten). Susanne Grimm, der wir die bislang instruktivste *deutsche* Arbeit über die subjektiven Gründe der von Arbeitern geübten ›Bildungsabstinenz‹ verdanken[8], hat gegen diese Feststellung eingewandt, daß Arbeiter keineswegs auf allen Gebieten planungsunfähig seien; sie erwähnt als Beispiele Hausbau, Altersvorsorge, Spartätigkeit und Familienplanung.[9] Auf dem für mögliche soziale Mobilität, für den Abbau der Klassenschranken heute entscheidenden Sektor: dem Sektor der Bildung ist eine solche Planung, ist Orientierung auf die Zukunft bei Unterschichtangehörigen jedoch kaum zu beobachten.

Dieses Phänomen beschreibt und interpretiert Grimm überaus einleuchtend. Ihre Untersuchung geht aus von der Beobachtung einer merkwürdigen Schizophrenie: Die Mehrheit der von ihr befragten Arbeiter (in vier kleineren Reutlinger Industriebetrieben) ist der Ansicht, »daß heute jeder die Möglichkeit hat, das zu werden, was er gerne möchte«[10], und entschlossen, ihre Kinder ›etwas Besseres‹ werden zu lassen; dennoch führt dieser Entschluß nur bei einigen »Außenseitern« (Grimm) dazu, daß sie ihre Kinder auf eine höhere Schule schicken, so daß sich der Anteil der Arbeiterkinder an westdeutschen Universitäten hartnäckig unter 10% (bei über 50% Arbeiteranteil an der Gesamtbevölkerung) hält.[11] Grimm schließt daraus, daß die Gründe der ›Bildungsabstinenz‹ vorwiegend *unbewußt* sind. Sie geht dieser unbewußten Abstinenz in meh-

[7] In der Diskussion der Resultate heißt es u. a.: »Es könnte sich zeigen, daß das DGP eine besondere Bedeutung für das ›Problem der Ordnung‹ hat . . . Daraus, daß sie die Zukunft geringschätzen, sich mehr an den Spatz in der Hand als an die Taube auf dem Dach halten und eine weitergehende und quälende Selbstdisziplin ablehnen, erwächst für Unterschichtangehörige begreiflicherweise eine gewisse Zufriedenheit, die sie an das bestehende soziale System bindet, auch wenn sie vom Standpunkt der übrigen Sozialschichten aus ›wie Tiere leben‹.« (148)

[8] S. Grimm, *Die Bildungsabstinenz der Arbeiter*, Barth, München 1966.

[9] Ebenda, S. 129 ff.

[10] Ebenda, S. 29.

[11] Zum Vergleich: Um 1956 betrug dieser Anteil in der Bundesrepublik 5%, in Schweden 20, in Großbritannien 25 und in den USA 30% (vgl. S. Grimm, a. a. O., S. 9).

reren Schritten nach: indem sie zunächst die Bildungsvorstellungen der Arbeiter betrachtet, danach ihr Informationsniveau in bezug auf Bildungseinrichtungen überprüft und schließlich die dem Arbeiterbewußtsein eigene »affektive Distanz« zur Mittelschicht und ihren Institutionen – wie Schule und Universität – analysiert.
›Bildung‹ ist, wie die Interviews mit den Arbeitern zeigen, nur für den kleineren Teil von ihnen gleichbedeutend mit höherer Schulbildung. Die große Mehrheit begreift ›Bildung‹ primär als ›besseres Benehmen‹ oder ›Charakterfestigkeit‹:

Gebildet? Wenn jemand Anstand hat, d. h. anständige Umgangsformen besitzt und in der Öffentlichkeit ein sicheres Auftreten hat.[12]
Das Wichtigste zur Vorbereitung auf das Leben scheint mir, daß (das Kind) sich zu benehmen lernt und die hochdeutsche Aussprache beherrscht.[13]
Als gebildet bezeichne ich jemanden, dessen Charakter in Ordnung ist, d. h. er darf kein Lügner sein, sondern muß ein offener und ehrlicher Mensch sein.[14]

Der Ort, an dem sich die so geartete Bildung vollzieht, ist nach Grimm die Familie. Sie hat, was die Vermittlung der entscheidenden Bildungsimpulse angeht, im Bewußtsein der Arbeiter einen eindeutigen Vorrang vor der Schule. Rosens Feststellung, daß Unterschichtangehörige vorwiegend »familistisch« orientiert sind, findet sich damit auch für deutsche Verhältnisse bestätigt.
Mit der eigentümlichen Reduktion von Bildung auf bürgerliche Respektabilität, die bei den Arbeitern natürlich auch die Funktion hat, wenigstens außerhalb des Betriebes durch ›gebildetes‹ Verhalten und Auftreten die Kluft zu den ›anderen‹ zu überspielen, ist ein Faktor verbunden, der in einigen Fällen zu einem realen Bildungshemmnis werden kann: Viele durchaus ›bildungsfreundliche‹ Arbeiter schrecken auch nach der Einführung von Schulgeld- und Lernmittelfreiheit aus finanziellen Gründen davor zurück, ihre Kinder auf weiterführende Schulen zu schicken, weil sie der Ansicht sind, das Kind müsse dort ›besonders gut‹ gekleidet sein, um unter den bürgerlichen Mitschülern nicht ›aufzufallen‹. Indessen: Ist *diese* Befürchtung mehr aus der subjektiven Verfassung der Arbeiter zu erklären, so

[12] Ebenda, S. 38.
[13] Ebenda, S. 39.
[14] Ebenda, S. 41.

sind doch andere Befürchtungen begründet. Die in aller Regel obligatorischen Klassenfahrten in immer fernere Länder bedeuten für seinen Arbeiterhaushalt eine massive Belastung; noch mehr gilt dies für das Problem des Nachhilfeunterrichts. Heribert Adam hat bei einer Befragung von 750 Schülern eines Offenbacher Gymnasiums gefunden, daß zum Zeitpunkt der Befragung (1960) 44,6% aller Schüler Nachhilfeunterricht erhielten; nach Adam wurden dabei im Durchschnitt pro Woche und Schüler 10 DM ausgegeben. Da der durchschnittliche *Brutto*wochenverdienst eines Industriearbeiters im Jahre 1960 122 DM betrug[15], verwundert Adams weitere Feststellung kaum, daß in der genannten Prozentzahl Arbeiterkinder deutlich unterrepräsentiert waren.

Noch schwerer als die – irrationalen oder rationalen – finanziellen Motive wiegt als Hindernis für weiterführende Bildung die »Informationsdistanz« der Arbeiter. Wie Dahrendorf konstatiert hat, wird die westdeutsche Gesellschaft durch die Dichotomie zwischen ›oben‹ und ›unten‹ »halbiert«.[16] Die beiden Hälften sind übereinander kaum informiert. Allerdings hat diese Uninformiertheit für die untere Hälfte gravierendere Folgen. Der Sohn eines höheren Beamten oder Angestellten kann den für ihn vorgesehenen Platz in der Gesellschaft, eine Position, die in der Regel der des Vaters mindestens gleichwertig ist, erreichen, ohne das Geringste über Berufe wie den des Drehers oder des Anreißers zu wissen; »für die Aufstiegsmöglichkeiten eines Arbeiters hingegen ist es von entscheidender Bedeutung, ob er – um nur einige Beispiele zu nennen – den Unterschied zwischen Mittel- und Oberschule und die entsprechenden Berufsmöglichkeiten kennt oder nicht; ob er über die Stipendiensituation informiert ist oder nicht; ob er eine Vorstellung davon hat, welche Schulen man besuchen muß, um beispielsweise Volksschullehrer, Diplom-Ingenieur oder Studienrat zu werden, oder nicht.«[17] Auch kann man seinem Kind nur dann einen dieser Berufe empfehlen, wenn man den Weg zu ihm kennt. Kenntnisse über Bildungseinrichtungen aber sind unter Arbeitern nur minimal verbreitet. Viele wissen den Unterschied zwischen Mittel- und Oberschule nicht; ein Studienrat etwa wird für einen

[15] Vgl. J. Huffschmid, *Die Politik des Kapitals,* edition suhrkamp 313, Frankfurt am Main [6]1971, S. 16.
[16] R. Dahrendorf, *Gesellschaft und Freiheit,* Piper, München 1961, S. 195.
[17] S. Grimm, a. a. O., S. 65.

»Schulaufsichtsbeamten«, einen »Lehrerbildner« oder für den »Rektor einer Universität« gehalten; er rangiert in einer nach dem Bekanntheitsgrad geordneten Liste von acht ›höheren‹ Berufen bei drei Vierteln der Befragten als letzter. Die sich in solchen Symptomen abzeichnende »Informationsdistanz« ist, wie Grimm zeigt, einmal eine Folge der eigenen mangelhaften Schulbildung; zum andern rührt sie daher, daß Arbeiter in aller Regel innerhalb ihrer ›Bezugsgruppe‹ bleiben.

Tiefer noch als die »Informationsdistanz« reicht, was Grimm die »affektive Distanz« nennt. Sie hat mehrerlei Komponenten. Eine »Ekelschranke« hindert viele nichtkörperlich Arbeitende (›white-collars‹) am Kontakt mit Arbeitern (›blue-collars‹); dies führt dazu, daß das dichotomische Gesellschaftsbild der Arbeiter, welches Popitz und seine Mitarbeiter in den fünfziger Jahren beobachtet hatten, auch zehn Jahre später noch bei sehr vielen Arbeitern weiterbesteht.[18] Zur »Ekelschranke« kommt die »Moralitätsdistanz«: Viele Nicht-Arbeiter behandeln, beruflich und außerberuflich, Arbeiter als Menschen zweiter Klasse, die gleichsam von Natur aus moralisch minderwertig sind.

Ein solcher Hochmut löst bei den meisten Arbeitern heute keine offene Empörung mehr aus, sondern einen fast wütenden Ehrgeiz, außerberuflich die Arbeiterexistenz durch ›besseres Benehmen‹, gute Kleidung und Autobesitz zu kaschieren. Auffallenderweise führt auch er nur bei einigen Außenseitern zu einem prinzipiellen Versuch, die Kluft zwischen sich und den ›besseren Kreisen‹ per Bildungsaufstieg wirklich zu schließen. Die »Bildungsdistanz«, welche die ›Gebildeten‹ durch ihr sicheres Auftreten und ihre gehobene Sprache gegenüber den Arbeitern demonstrieren, läßt einen solchen Versuch noch schwieriger erscheinen. Viele empfinden ihn als eine Art Größenwahn, zumindest als abweichendes Verhalten, welches Sanktionen in Form sozialer Mißbilligung nach sich zieht. Die Vorstellung, daß ein Arbeiter sein Kind auf die höhere Schule schickt, löst bei ihnen Reaktionen wie diese aus.

Die Mehrzahl würde sagen: Was willst du denn als Fabrikler deinen Jungen auf die Oberschule schicken, wo du doch selbst bloß auf die Volksschule gegangen bist?

Wenn man nicht nach der Schablone lebt, besteht ein Klassenhaß, besonders bei den über 40jährigen. Wenn sie die Möglichkeit hätten, es zu vereiteln, daß jemand sein Kind auf die höhere

[18] Ebenda, S. 89 ff.

Schule schickt, würden sie es tun, auch wenn er Arbeitskollege ist, das spielt keine Rolle.[19]

Daß Arbeiter im Bildungsbereich nur eine minimale Zukunftsorientierung erkennen lassen, so können Susanne Grimms Befunde zusammengefaßt werden, hat eine Reihe von Gründen, die sich nicht allein auf das ›deferred gratification pattern‹ reduzieren lassen. Einmal haben Arbeiter eine Vorstellung von ›Bildung‹, der zufolge diese nur am Rande mit höherer Schulbildung identisch ist. Zum andern sind sie über Bildungseinrichtungen sehr unvollständig informiert. Diese »Informationsdistanz« gründet in einer »affektiven Distanz«, welche wesentlich Reaktion auf die Art und Weise ist, in der Nicht-Arbeiter, ›bessere Kreise‹ die Arbeiter behandeln. Der Versuch, diese Distanz zu überwinden, wird überwiegend als Abweichung von den Normen der eigenen Bezugsgruppe empfunden. D. h., während Kinder der Mittelschicht der Besuch weiterführender Schulen die Regel ist, ist er für Arbeiterkinder noch immer die Ausnahme.

Die Bildungsabstinenz der Arbeiter ist inzwischen ein Standardwerk der deutschen Sozialisationsliteratur. Diese Tatsache darf aber nicht dazu verführen, daß man die prinzipiellen Schwächen der Untersuchung verschweigt. Sie liegen, wie bereits angedeutet, in ihrem subjektivistischen Ansatz: Die Motive der ›Bildungsabstinenz‹ werden im Bewußtsein der Arbeiter aufgesucht, aber die Strukturmerkmale dieses Bewußtseins, die ›Wertorientierungen‹ der Arbeiter werden nicht weiter auf ihre gesellschaftlichen Bedingungen hinterfragt. Sie werden positivistisch als subjektive ›Tatsachen‹ behandelt und akzeptiert. Diese Kritik trifft in gleicher Weise die Untersuchungen von Schneider/Lysgaard und Rosen, im Grunde auch die Arbeit von Rolff, welcher die Unterscheidung zwischen institutionalisierten Normen und ›Wertorientierungen‹, wie sie von jenen Autoren vorgenommen wird, kritiklos übernimmt. Wenn Rolff an einer Stelle[20] mit Zustimmung Erich Hahn zitiert, der gegen Dahrendorfs Erklärung der Bildungsbarrieren für Arbeiterkinder aus der so oder so beschaffenen *Einstellung* der Eltern einwendet, diese Methode repräsentiere eine »spezifisch soziologische Form des Idealismus«[21],

[19] Ebenda, S. 141 f.
[20] H.-G. Rolff, a. a. O., S. 18.
[21] E. Hahn, *Soziale Wirklichkeit und soziologische Erkenntnis*, Deutscher Verlag der Wissenschaften, Berlin 1965, S. 145.

so kann dieser Einwand auch gegen Rolff selbst gerichtet werden. Nur an einer einzigen Stelle – im Anschluß an die soeben zitierte – erklärt er, es müsse »der Versuch gemacht werden, die sozialstrukturellen Gründe für diese Bewußtseinsinhalte und Verhaltensweisen zu untersuchen«[22]; er selbst macht diesen Versuch nicht. Es ist von da her auch kein Zufall, daß er wichtige amerikanische Untersuchungen, in denen die schichtspezifischen ›Wertorientierungen‹ auf ihre sozialstrukturellen Bedingungen transparent gemacht werden, in seiner Darstellung nicht erwähnt. Diese Untersuchungen wollen wir jetzt betrachten.

Alex Inkeles[23] hat grundsätzlich gezeigt, daß ›Werte‹, an denen sich Erziehungspraktiken orientieren, von der Struktur der jeweiligen Gesellschaft abhängen und sich mit der Veränderung dieser Struktur ebenfalls verändern. Er stützt sich auf Interviews, denen im Rahmen des Harvard-Projekts über das sowjetische Gesellschaftssystem (einer 1950, auf dem Höhepunkt des Kalten Krieges durchgeführten Untersuchung der Harvard-Universität) 330 geflohene Sowjetbürger unterzogen wurden. Ein Vergleich der spezifischen ›Wertorientierungen‹ der »zaristischen«, der »revolutionären« und der »sowjetischen« Generation führt zur Bestätigung der beiden Hypothesen, von denen Inkeles ausgegangen war: daß 1. Eltern einer Generation, die tiefgreifende Veränderungen der Sozialstruktur erlebt, ihre Erziehungspraktiken den sozialen Veränderungen anpassen und ihre Kinder nach anderen ›Wertorientierungen‹ erziehen als denen, die ihre eigene Erziehung bestimmt haben; daß 2. diese veränderte Erziehungsweise auch zu einer veränderten kindlichen Persönlichkeitsstruktur führt. Inkeles demonstriert anhand seines Materials, daß die ›Werte‹ der – vor allem religiösen – Tradition der revolutionären und nachrevolutionären Generation ungleich weniger bedeuten als etwa persönliche Selbstverwirklichung, Bildung und politisches Bewußtsein.

Dem naheliegenden Einwand, der von reaktionärer Seite gegen diese Befunde erhoben werden könnte: daß eben die Kommunisten die Erziehung ›einseitig politisierten‹, kann durch eine Betrachtung von Untersuchungen begegnet werden, welche auf westlichen Sozialstrukturen fußen. David F. Aberle und Kaspar D. Naegele haben bereits einige Jah-

[22] H.-G. Rolff, a. a. O.

[23] A. Inkeles, ›Social change and social character: the role of parental mediation‹, in: *Journal of Social Issues,* 11, 1955.

re vor Inkeles nachgewiesen, daß das Bild, nach dem amerikanische Eltern ihre Kinder erziehen, »wesentlich von (ihren) Erfahrungen in der Welt der Erwachsenen, aber ebensosehr auch von ihren eigenen Kindheitserlebnissen beeinflußt wird. Ändern sich die Erfahrungen der Erwachsenen unter der Einwirkung stärkeren sozialen Wandels, so besteht Grund zu der Annahme, daß sich schließlich, wenngleich nicht notwendigerweise sofort, auch die Form der Sozialisation ändert. Die Erfahrungen des Erwachsenen sagen ihm, welche Einstellungen, Fertigkeiten und Eigenschaften sein Kind haben muß, um in das Rollensystem der Erwachsenen hineinzupassen.«[24] Die Autoren zeigen, daß die von ihnen befragten Väter aus der Mittelschicht, obwohl sie in ihrem Bewußtsein scharf zwischen Berufs- und Familienrolle unterscheiden, sich in der Einstellung zu ihren Kindern stark von Berufserfahrungen leiten lassen. Besonders die Erziehungshaltung gegenüber den Söhnen orientiert sich an ›Werten‹, welche die Väter als Voraussetzungen für Berufserfolg innerhalb ihrer Schicht ansehen: Verantwortungsbewußtsein, Initiative, gute Leistungen in der Schule und ›männliches‹ Verhalten, d. h. primär Selbstbeherrschung, sportliche Tüchtigkeit, Fähigkeit zu aggressiver Konkurrenz mit anderen.

Diesen Tatbestand: daß ›Werte‹ schichtspezifisch sind, aus schichtspezifischen Berufs- und Arbeitserfahrungen resultieren sowie zur Orientierung und Anpassung innerhalb des eigenen Schichtmilieus dienen, also auf die je bestehende Sozialstruktur als ihre Voraussetzung verweisen, haben Melvin L. Kohn und seine Mitarbeiter in einigen erhellenden Studien detailliert aufgewiesen. Wir müssen uns hier auf eine dieser Studien beschränken: ›Social class, occution, and parental values‹ von Leonard I. Pearlin und Kohn.[25]

Gegenüber früheren Arbeiten Kohns, z. B. ›Social class and parent-child relationship‹[26], hat diese den Vorteil, ›cross-national‹ angelegt zu sein – d. h. sie vergleicht elterliche ›Wertorientierungen‹ in den USA und in Italien, um sich nicht dem Vorwurf auszusetzen, hier würden amerikanische Befunde in unzulässiger Weise verallgemeinert. Die gerade genannte Untersuchung war zu dem Ergebnis ge-

[24] D. F. Aberle und K. D. Naegele, ›Middle class fathers' occupational role and attitudes toward children‹, in: Ph. Olson (Hrsg.), *America as a Mass Society*, The Free Press, Glencoe, Ill., 1953, S. 405 f.
[25] In: *American Sociological Review* 31, 1966.
[26] In: *American Journal of Sociology* 68, 1963.

kommen, daß es »in den Vereinigten Staaten deutliche Gewichtsunterschiede zwischen den Werten gibt, an welchen sich Mittel- und Unterschichteltern in ihrer Kindererziehung orientieren. Mittelschichteltern bewerten Selbstbestimmung höher als Unterschichteltern; diese legen statt dessen mehr Gewicht auf die Befolgung äußerer Vorschriften. Selbstkontrolle ist der zentrale Wert für Eltern der Mittelschicht, Gehorsam derjenige für Eltern der Unterschicht.«[27] Schon in dieser Arbeit hatte Kohn diese unterschiedlichen Orientierungen auf die unterschiedliche *Arbeitssituation* der beiden Schichten und die in der jeweiligen Situation erforderlichen Verhaltensqualitäten zurückgeführt: »Die Tätigkeiten der Mittelschicht verlangen einen stärkeren Grad von Selbstbestimmung; Unterschichttätigkeiten dagegen verlangen in höherem Maß, daß man ausdrücklichen Anweisungen folgt, die von einer Autorität ausgehen.«[28] Gilt diese Feststellung, so fragen Pearlin und Kohn jetzt, nur für amerikanische Verhältnisse, bezieht sie sich also auf *spezielle* Arbeitsbedingungen, oder betrifft sie die Tätigkeiten von Mittel- und Unterschicht *generell,* also in ihrem Charakter?

Die Autoren suchten zunächst das Gewicht der ›Werte‹ Selbstkontrolle und Gehorsam in der italienischen Mittel- und Unterschicht zu bestimmen, indem sie etwa 850 Eltern in Turin eine Liste mit siebzehn Eigenschaften und Verhaltensmerkmalen vorlegten; die Eltern sollten daraus jene drei Merkmale auswählen, die sie bei ihrem eigenen Kind am höchsten bewerteten. Die Turiner Ergebnisse wurden dann mit den Ergebnissen verglichen, die eine ähnlich angelegte Untersuchung Kohns einige Jahre zuvor in Washington erbracht hatte.[29] Es zeigte sich, daß elterliche ›Wertorientierungen‹ zwar merklich von der kulturellen Tradition der jeweiligen Gesellschaft abhängen, daß es aber trotz dieser kulturellen Differenzen in beiden Ländern außerordentlich signifikante (mehr als zufällige) Zusammenhänge zwischen Sozialschicht und bestimmten ›Wertorientierungen‹ gibt: »In beiden Ländern werden Gehorsam und Adrettheit von der Unterschicht höher bewertet als von der Mittelschicht; in beiden Ländern werden Selbstkontrolle, Zuverlässigkeit, Glücklichsein und Rücksichtnahme von der Mittelschicht höher bewertet als von der Unterschicht.«[30]

[27] L. I. Pearlin und M. L. Kohn, a. a. O., S. 466.
[28] M. L. Kohn, a. a. O., S. 476.
[29] M. L. Kohn, ›Social class and parental values‹, in: *American Journal of Sociology* 64, 1959.
[30] L. I. Pearlin und M. L. Kohn, a. a. O., S. 469.

Diese Parallelität kann, so schließen Pearlin und Kohn, keine nationale Eigentümlichkeit der beiden Länder mehr sein; sie muß in den hier wie dort ähnlichen Arbeitsbedingungen der beiden Schichten gründen.
Um diese Bedingungen miteinander vergleichen zu können, betrachten die Autoren nun drei Dimensionen der Tätigkeit eines jeden Befragten: die Strenge der *Überwachung* am Arbeitsplatz, den prinzipiellen *Typus der Arbeit* – ob sie mehr mit Dingen, Menschen oder Ideen zu tun hat – und den Grad an *Selbstvertrauen* (»self-reliance«), den die so beschaffene Arbeit verlangt. Auch hier zeigen sich ganz klare Zuordnungen:

Je mehr jemand streng von oben überwacht wird, um so wahrscheinlicher wird er allein Gehorsam als Wert ansehen. Je größer der Einfluß ist, den jemand seiner Überzeugung nach auf die Bedingungen seiner Arbeit hat, um so höher wird er bei seinen Kindern Selbstkontrolle bewerten.[31]
Die Arbeit mit ›Dingen‹ läßt vom Typus her die geringste Freiheit zu selbständigem Urteil; die Arbeit mit ›Ideen‹ (Symbolen) geht mit der größten Freiheit, ja Notwendigkeit zu selbständigem Urteil einher ... Diejenigen, welche primär mit Ideen umgehen, neigen am ehesten dazu, Selbstkontrolle hochzuschätzen. Gehorsam wird stärker von denen betont, welche vorwiegend mit Dingen zu tun haben.[32]
Wer glaubt, daß seine Tätigkeit ein hohes Maß an Selbstvertrauen verlangt, neigt außerordentlich viel stärker dazu, Selbstkontrolle hochzuschätzen, als derjenige, welcher es nicht glaubt. Wer glaubt, daß seine Tätigkeit nur geringes oder gar kein Selbstvertrauen verlangt, neigt in überwältigendem Maße dazu, Gehorsam als Wert anzusehen.[33]

Strenge Überwachung am Arbeitsplatz, hauptsächliche Beschäftigung mit Dingen und eine Tätigkeit, die kaum Selbstvertrauen verlangt (bzw. zuläßt), sind nun aber charakteristisch für die Berufssituation der Arbeiter, relative Selbständigkeit, Beschäftigung mit Symbolen und eine auf hohem Selbstvertrauen gründende Tätigkeit hingegen für die der Angestellten, Beamten und Selbständigen. Ihre so beschaffene Situation bringt die Individuen der Mittel- und Unterschicht dazu, Selbstkontrolle bzw. Gehorsam als ›Werte‹ anzusehen. Diese sind primär in der jeweiligen Berufssituation wertvoll – als Verhaltensorientierungen, um den spezifischen Erfordernissen dieser Situation gerecht zu

[31] Ebenda, S. 473.
[32] Ebenda, S. 474.
[33] Ebenda, S. 475 f.

werden; weil die Berufssituation jedoch im Leben des Individuums eine so entscheidende Rolle spielt, neigt es »in allgemeinerer und umfassenderer Weise dazu, diese Eigenschaften als Tugenden an sich und nicht nur einfach als Mittel zur Erreichung beruflicher Ziele zu bewerten«.[34]
Daß Selbstkontrolle und Gehorsam nicht ›Werte‹ an sich sind, zeigen Pearlin und Kohn auf eine Art und Weise, die ihrer Untersuchung wahrhaft aufklärerischen Rang verleiht: Sie fragen nämlich, wie groß der Unterschied zwischen Mittel- und Unterschicht-›Werten‹ wäre, wenn die Arbeitsbedingungen der beiden Schichten in den drei genannten Dimensionen *gleich* wären, und unterziehen ihre Daten zu diesem Zweck einem besonderen Standardisierungsverfahren.[35] Das Ergebnis ist schlagend: Der im ursprünglichen Vergleich hochsignifikante Unterschied zwischen Mittel- und Unterschichtangehörigen im Hinblick auf Selbstkontrolle (die 52% der ersteren, aber nur 35% der letzteren als ›Wert‹ ansehen) reduziert sich auf *Null;* beim Gehorsam reduziert sich der Anteil der Unterschichtangehörigen, die ihn als *hohen* ›Wert‹ ansehen, von 31 auf 20%, der Unterschied zwischen ihnen und den Mittelschichtangehörigen, die dies ebenfalls tun, auf *1%*. Die Autoren schließen daraus nicht nur, daß die unterschiedlichen Arbeitsbedingungen und -erfahrungen der beiden Schichten für ihre unterschiedlichen ›Wertorientierungen‹ verantwortlich sind, sondern auch, daß bei anderen Arbeitsbedingungen wahrscheinlich ganz andere ›Werte‹ dominant wären: »Für viele Mittelschichtväter ist die Alternative nicht Selbstkontrolle oder Gehorsam; gäbe es nicht ihre spezifischen Berufserfahrungen, so würden sie weder Selbstkontrolle noch Gehorsam bewerten, sondern völlig andere Eigenschaften.«[36]
Damit haben Pearlin und Kohn die Analyse bis zu dem Punkt getrieben, wo der westlichen Industriegesellschaften eigene *Klassencharakter* als Grundlage ihrer schichtspezifischen ›Wertorientierungen‹ und Erziehungspraktiken nicht mehr zu übersehen ist. Wie im 1. Kapitel gezeigt wurde, ist die Situation der Arbeiter in der kapitalistischen Klassengesellschaft dadurch gekennzeichnet, daß sie sowohl im Betrieb wie in der Gesellschaft ›unten‹ stehen und daß die Kluft zwischen ihnen und den betrieblich wie sozial Nächsthöheren: den Angestellten und Beamten ständig tie-

34 Ebenda, S. 478.
35 Ebenda, S. 477.
36 Ebenda.

fer wird. Diese Situation schlägt sich im Bewußtsein der Arbeiter in Form eines grundsätzlich dichotomischen Bildes von der Gesamtgesellschaft nieder, in welchem sie selbst unverrückbar unten rangieren. Die kollektive Resignation, aus der dieses Gesellschaftsbild resultiert, läßt individuelle Initiativen, die auf Aufstieg in Betrieb oder Gesellschaft abzielen, nicht nur als aussichtslos, sondern oft geradezu als abweichendes Verhalten erscheinen. Den meisten Arbeitern dünkt es am ›vernünftigsten‹, die Situation zu akzeptieren, sich zu unterwerfen, zu *gehorchen*. Gehorsam ist am Arbeitsplatz die wertvollste Eigenschaft (die auch von den Vorgesetzten am meisten honoriert wird). So wird sie leicht als ›Wert‹ an sich empfunden, an dem sich auch die Kindererziehung orientiert.

Wenn Urie Bronfenbrenner feststellt, daß in der amerikanischen Kindererziehung während der letzten drei bis vier Jahrzehnte insofern ein Wandel eingetreten ist, als Unterschichteltern im Gegensatz zu denjenigen der Mittelschicht seither mehr auf Sauberkeit, Ordnung und unbedingten Gehorsam sehen[37], so kann man dies mit Bronfenbrenner sicherlich zum Teil der größeren – wirklichen oder affektiven – Distanz zuschreiben, welche bei Unterschichteltern gegenüber Aufklärungsschriften wie denen von Gesell oder Spock besteht. Es ist aber auch zu fragen, ob nicht die während des gleichen Zeitraums immer rigoroser durchgeführte ›Taylorisierung‹[38] des Produktionsprozesses, durch die Überwachung, Ohnmacht und Resignation der Arbeiter immer weiter gesteigert wurden, die Neigung zur Wertschätzung des Gehorsams verstärkt hat – sei es, weil man sich wirklich mit dem stetig wachsenden Druck am Arbeitsplatz identifiziert, sei es, weil man die durch diesen Druck verstärkte Aggressivität an die Kinder weitergibt. Zumindest laufen beide Prozesse parallel: Dem wachsenden Druck im Produktionsprozeß entspricht eine wachsende Neigung der Arbeiter zu autoritär-resignativ-konservativen Einstellungen, die, wenn sie sich in der Kindererziehung durchsetzen, garantieren, daß die bestehende Klassenstruktur grundsätzlich erhalten bleibt.

Die für die Mittelschicht demgegenüber charakteristische Wertschätzung von Selbstkontrolle und verinnerlichtem Leistungsstreben darf ebenfalls nicht unter Absehung von der Klassenstruktur betrachtet werden. Es ist ebenso töricht,

[37] Vgl. oben S. 54.
[38] Vgl. oben S. 33 ff.

den Konservatismus der Arbeiter zu beklagen, wie es töricht ist, die auf einem relativ starken Ich basierende Leistungs- und Zukunftsmotiviertheit der Angestellten, Beamten und Selbständigen als vorbildlich, *generell* erstrebenswert, ja notwendig darzustellen. Eben das aber geschieht, ausdrücklich oder unausdrücklich, in den meisten Literaturbeiträgen zu diesem Thema (Heckhausen, Rolff, Grauer[39]). Marina Neumann-Schönwetter bemerkt zu Recht, in diesen Beiträgen werde

die Notwendigkeit einer Erziehung zum Leistungsstreben und implizit damit zur Konkurrenz nicht in Frage gestellt. Die Messung von Leistungsmotivation beruht auf der Anerkennung einer auf der Individualität des einzelnen beruhenden Erfolgsideologie, nach der jeder Erfolg haben kann und in der nicht von vornherein antagonistische Klassengegensätze das Schicksal des einzelnen bestimmen. ... Es liegt ... nahe, daß in der Arbeiterschicht das Leistungsmotiv kaum ausgeprägt ist, während mit steigender sozialer Schicht ... die Ausprägung von Leistungsmotivation zunimmt. Die Mittelschichten versuchen durch die Vermittlung individueller Leistungsorientierung ihren Kindern zu helfen, einen bestimmten Lebensstil zu erreichen oder zu erhalten; für die Arbeiterschicht dagegen ist die kollektive Lebensbewältigung der unmittelbar erfahrenen gesellschaftlichen Widersprüche entscheidend. Eine Erfahrung, die die Ausgestaltung der Individualität und die Hoffnung auf eine durch die Initiative des einzelnen veränderte Zukunft nicht zuläßt.[40]

[39] Vgl. das Literaturverzeichnis.
[40] W. Gottschalch, M. Neumann-Schönwetter und G. Soukup, *Sozialisationsforschung,* Fischer Taschenbuch 6503, Frankfurt am Main 1971, S. 102 f.

5. Familiale Sozialisation: Sprachstile

Wir erklärten[1], das kindliche Gewissen (›Über-Ich‹) entstehe durch *Verinnerlichung* der elterlichen Verbote, Befehle, Mißbilligungen. Dabei komme es darauf an, in welchem Maße die letzteren begründet und für das Kind durchsichtig gemacht würden – geschehe dies in hohem Maß, so resultiere daraus ein gut in die Persönlichkeit integriertes Gewissen, mit dem sich relativ angstfrei umgehen lasse; werde das Kind dagegen lediglich mit Verboten konfrontiert, deren Sinn es nicht einsehen könne, so komme es zur Bildung eines der Persönlichkeit äußerlich bleibenden Gewissens, dessen Weisungen man sich primär aus Angst vor Bestrafung unterwerfe. Es war nun eine wichtige Einsicht Sigmund Freuds, daß die Eltern sich in der Erziehung ihrer Kinder viel mehr als von explizit formulierten Absichten von *ihrem eigenen Gewissen* leiten lassen. Was sie selbst von ihren Eltern an Verboten usw. gehört und zu ihrem Gewissen gemacht, verinnerlicht haben, geben sie sozusagen an ihre Kinder weiter. Es ist also nicht die gesamte Persönlichkeit der Eltern, mit der sich das Kind in der Gewissensbildung identifiziert, sondern nur ein Teil von ihr: eben das ›Über-Ich‹. »So wird das Über-Ich des Kindes eigentlich nicht nach dem Vorbild der Eltern, sondern des elterlichen Über-Ichs aufgebaut; es erfüllt sich mit dem gleichen Inhalt, es wird zum Träger der Tradition, all der zeitbeständigen Wertungen, die sich auf diesem Wege über Generationen fortgepflanzt haben.«[2] Charles Brenner kommentiert diesen Tatbestand mit dem Hinweis, auf ihn sei »zum Teil ... der Konservativismus und der Widerstand gegen Veränderungen zurückzuführen, den die Sozialstrukturen zeigen«.[3] Was dies im Detail heißt, wird weder von Freud noch von Brenner ausgeführt; was es heißen *könnte,* haben wir in den beiden letzten Kapiteln gesehen. Wenn die aus unterschiedlichen Arbeitserfahrungen und ›Wertorientierungen‹ resultierenden Erziehungspraktiken der beiden Schichten sich gerade hinsichtlich des als wünschenswert

[1] Vgl. oben S. 55 ff.
[2] S. Freud, *Gesammelte Werke*, Bd. XV, S. Fischer, Frankfurt am Main ³1961, S. 73.
[3] Ch. Brenner, *Grundzüge der Psychoanalyse,* S. Fischer, Frankfurt am Main 1967, S. 138.

erachteten Grades an Autonomie so grundsätzlich unterscheiden, wenn also die beiden verschiedenen Erziehungsstile zwei ihrer Struktur nach so sehr voneinander abweichende Gewissensinstanzen fördern, so wird jetzt wohl noch besser verständlich, inwiefern und in welchem Grad schichtspezifische Erziehungspraktiken die bestehende Klassengesellschaft stabilisieren.

Das Maß, in dem Eltern ihre Verbote usw. begründen, in dem sie also mit dem Kind sprechen, hat aber nicht nur Auswirkungen auf dessen Gewissensbildung, sondern, wie unmittelbar klar sein sollte, auch auf die Ausbildung seines eigenen *Sprachvermögens*. Da die Eltern es sind, nach deren Vorbild das Kind seine sozialen Erfahrungen in Worte fassen lernt, kommt es entscheidend auf den Umfang und den Grad an Differenziertheit an, in denen *sie* auf die verschiedensten Situationen sprachlich zu reagieren imstande sind. Hier zeigen sich nun bemerkenswerte sozialschichtspezifische Unterschiede, deren Aufdeckung vor allem dem britischen Soziologen Basil Bernstein zu danken ist.

Bernstein hat, aufbauend auf den Arbeiten von Bronfenbrenner, Kohn u. a., die Formen untersucht, in welchen in typischen Mittelschichtfamilien und typischen Unterschichtfamilien die Kommunikation zwischen Mutter und Kind verläuft.[4] Er hat gefunden, daß die Mittelschichtmutter in ihren Reaktionen auf die innere und äußere Umwelt weitaus mehr den sprachlichen als den nichtsprachlichen Aspekt der Kommunikation bevorzugt. D. h., sie reagiert nicht unmittelbar-expressiv, in Gesten, sondern ›mittelbar‹, indem sie ihre Empfindungen und Absichten in das allgemeine Medium der Sprache übersetzt. Die Besonderheit der Situation und die spezifische Reaktion der Mutter auf sie kommen in Wahl, Stellung und Betonung der Worte sowie in der syntaktischen Struktur und Folge der Sätze zum Ausdruck. »Das Kind, das auf die Interaktion mit der Mutter angewiesen ist, lernt bereits auf sprachliche Signale zu reagieren, bevor es überhaupt fähig ist, selbst sprachliche Signale von sich zu geben. Es muß sich fortwährend nach dem Sprachgebrauch der Mutter ausrichten, um eine befriedigende und emotional gesicherte Beziehung zur Mutter zu realisieren. Es wird durch verbale Äußerungen bestraft, aber auch ermuntert, gelobt und belohnt und wird somit von früh an gezwungen, auf bestimmte Formen von

[4] Vgl. zum Folgenden B. Bernstein, *Soziale Struktur, Sozialisation und Sprachverhalten* (Aufsätze 1958–1970), de Munter, Amsterdam 1970, S. 21 ff.

sprachlichen Stimuli und Anhaltspunkten zu reagieren.«[5] Die außerordentliche Bedeutung, die dieser Art von ›mittelbarer‹ Beziehung für das Kind zukommt, führt nach Bernstein bald zu einer »Spannung« zwischen Kind und Umwelt: Es möchte seine Beziehungen zu dieser wie die Mutter in persönlicher, individualisierter Form in Worte fassen. So beginnt eine Art »kumulativer Prozeß«: Die Mutter bemüht sich, schon die ersten tastenden Versuche des Kindes zu persönlichen Aussagen zu fördern, zu verbessern und zu erweitern. Das Kind lernt dadurch seine eigene Individualität, seine Verschiedenheit von anderen Personen und von den es umgebenden Dingen sowie die Unterschiede und Zusammenhänge zwischen diesen Dingen selbst allmählich begreifen und verbalisieren. Dabei gewinnt die ›Wärme‹, welche das typische Mittelschichtmilieu auszeichnet, ihre besondere Bedeutung: Die Mutter »nimmt dem Kinde beispielsweise eine Schere – die es unbedacht als Spielzeug benutzt – nicht mit unwirschem Blick und scharfem ›Laß das‹« (oder mit der für das Kind sinnlosen Litanei: »Messer, Gabel, Scher' und Licht taugt für kleine Kinder nicht«) »aus der Hand, sondern erläutert dem Kind den Zusammenhang zwischen Schere, Messer, Verletzungen, möglichen Folgen und tatsächlichem Anwendungszweck des Instrumentes, verbietet eine künftige Verwendung der Schere als Spielzeug und droht mit Strafe.«[6] Auf diese Weise lernt das Kind nicht nur die Zweckmäßigkeit bestimmter Einschränkungen einzusehen – was Konsequenzen für die spätere Struktur seines Gewissens hat – sondern auch mit den Dingen in differenzierter Form sprachlich umzugehen. »Dies ist«, sagt Bernstein, »von entscheidender Bedeutung, da die frühe Form des Sprachgebrauchs den Modus festlegt, in dem Beziehungen angeknüpft werden, und so das spätere Niveau der Begriffsbildung bestimmt.«[7]
In der Unterschicht bewegt sich die Mutter-Kind-Beziehung stärker in unmittelbaren Formen. Die Mutter reagiert auf ihre Umwelt öfter auf nichtsprachlich-gestische Weise oder mit stereotypen, traditionellen Wendungen. »Das Kind lernt im Sozialisationsprozeß auf andere als auf satzstrukturelle und durch Adjektive nuancierte Äußerungen zu reagieren. Die Intentionen, Gefühle und Einstellungen werden

[5] H.-G. Rolff, *Sozialisation und Auslese durch die Schule*, Quelle & Meyer, Heidelberg [2]1969, S. 54 f.
[6] Ebenda, S. 55.
[7] B. Bernstein, a. a. O., S. 21 f.

durch eine Form des Ausdrucks modifiziert, die die Solidarität betont und einen konkreten, visuellen, tangiblen und deskriptiven Symbolgehalt aufweist. Die individuelle Qualifikation tritt nicht in der Sprache zutage, sondern drückt sich durch Gestik, Mimik, Körperhaltung und Intonation und Schwankungen des Stimmvolumens aus, so daß oft das, was nicht gesagt wird, wichtiger ist als das, was gesagt wird.«[8] Die Unterschichtmutter bemüht sich weder, etwaige sprachliche Artikulationsversuche des Kindes zu fördern, noch, ihre eigenen Verbote usw. zu begründen. Daher ist das Unterschichtkind in viel geringerem Maß imstande, die Zweckmäßigkeit bestimmter Einschränkungen einzusehen und mit den Dingen seiner Umwelt sprachlich umzugehen.
Bernstein hat in der Unterschicht verbreiteten Sprachstil »restringiert« (eingeschränkt), den in der Mittelschicht verbreiteten dagegen »elaboriert« (ausgearbeitet, differenziert) genannt. Die wesentlichen Merkmale des elaborierten und des restringierten Stils hat er wie folgt charakterisiert[9]:

Elaborierter Stil:
1. Genaue grammatische Ordnung und Syntax regulieren das Gesagte.
2. Logische Einschränkungen und Betonungen werden durch grammatisch komplexe Satzkonstruktionen, vor allem durch die Verwendung einer Reihe von Konjunktionen und Nebensätzen, vermittelt.
3. Häufige Verwendung von Präpositionen, die sowohl rein logische Beziehungen als auch den zeitlichen oder räumlichen Zusammenhang anzeigen.
4. Häufiger Gebrauch der unpersönlichen Fürwörter ›es‹ und ›man‹.
5. Qualitative Auswahl aus einer Reihe von Adjektiven und Adverbien.
6. Individuelle Einschränkungen werden sprachlich durch die Struktur und die Beziehungen in und zwischen den Sätzen vermittelt; die subjektive Absicht wird unter Umständen in Worten erläutert.
7. Die expressive Symbolik, die durch diese sprachliche Form bedingt wird, verleiht dem Gesagten weniger logische Bedeutung als affektive Unterstützung.

[8] H.-G. Rolff, a. a. O., S. 56.
[9] Wir greifen hier wahlweise auf die Merkmal-Listen zurück, die Bernstein in den Aufsätzen ›Sozio-Kulturelle Determinanten des Lernens‹ (a. a. O., S. 22 f.) und ›Sprache und Lernen im Sozialprozeß‹ (a. a. O., S. 47 f.) aufgestellt hat. Die Listen weichen sowohl inhaltlich (in Zahl, Reihenfolge und Bestimmung der Merkmale) wie formal voneinander ab – wobei die umständliche Formulierung teilweise auf die in beiden Fällen ungeschickte Übersetzung zurückgeht; wir behalten uns vor, sie dort, wo es nötig ist, in Übereinstimmung mit dem Original zu korrigieren.

8. Es handelt sich um einen Sprachgebrauch, der die Möglichkeiten ausnutzt, welche in einer komplexen begrifflichen Hierarchie für die Organisation der Erfahrung bereitliegen.

Restringierter Stil:

1. Kurze, grammatisch einfache, oft unfertige Sätze von dürftiger syntaktischer Form, die meist im Aktiv stehen.
2. Geringe Verwendung von Nebensätzen, durch welche die Kategorien des übergeordneten Subjekts eingeschränkt werden.
3. Unfähigkeit, das Subjekt eines Satzes über eine ganze Sprachsequenz hinweg durchzuhalten, so daß es leicht zu einer Verzerrung des Mitteilungsgehaltes kommt.
4. Verwendung einfacher und immer derselben Konjunktionen (so, dann, und, weil).
5. Seltener Gebrauch der unpersönlichen Fürwörter ›es‹ und ›man‹.
6. Starrer und begrenzter Gebrauch von Adjektiven und Adverbien.
7. Individuelle Einschränkungen werden aus der Satzstruktur weggelassen oder sind nur implizit vorhanden; die subjektive Absicht wird also nicht mit Worten explizit gemacht oder erläutert.
8. Häufiger Gebrauch von Feststellungen, bei denen Begründung und Folgerung vertauscht sind, so daß sie den Charakter kategorischer Statements annehmen: »Du gehst mir nicht aus dem Hause.« »Du läßt das in Ruhe.«
9. Eine große Zahl von Wendungen, welche das Bedürfnis anzeigen, die vorausgehende Sprechsequenz zu verstärken: »Nicht wahr?« »Da sehen Sie!« »Müssen Sie wissen.«
10. Das Kreisgespräch, bei dem sich die Gesprächspartner ihrer gegenseitigen Sympathie versichern; man redet in gegenseitiger Übereinstimmung im Kreis herum: »Stell dir vor! – Das hätte ich nicht gedacht!« Oder: »Na, was sagen Sie von der Lotte? – Ist ein schlimmes Unglück. – Haben Sie recht. Ist wirklich ein schlimmes Unglück. Und die armen Eltern. – Ja, die armen Eltern. Was dachte sich das Mädchen dabei? – Dachte sich gar nichts, tat eben, was sie wollte. – Ein Unglück nenne ich das, ein schlimmes Unglück für das ganze Haus.«
11. Die individuelle Auswahl aus einer Reihe traditioneller Wendungen und Aphorismen spielt eine große Rolle.

Wesentlich für die Beurteilung dieser sprachlichen Unterschiede ist Bernsteins Hinweis, daß sie unabhängig von der gemessenen Intelligenz des einzelnen Sprechers, also ausschließlich durch das schichtspezifische Milieu bedingt sind, in welchem er aufwächst. Die Rolle der Intelligenz kann es, solange er an dieses Milieu gebunden ist, lediglich sein, »jene Möglichkeiten erfolgreicher auszubeuten, die durch die gesellschaftlich festgelegten Formen des Sprachgebrauchs symbolisiert werden«.[10] Diese Feststellung gilt jedoch im strengen Sinn nur für die Unterschicht. Denn die restringierte Sprache »kann in verschiedenen sozialen Strukturen entstehen, in ländlichen Gruppen, in Gefechtseinheiten, in kriminellen Subkulturen, in Banden von Halbstarken, in Gangs und ähnlichem. Das Kind aus der Mittelschicht lernt somit zwei verschiedene Arten von Sprachgebrauch ... und wird je nach Bedürfnis den einen oder den anderen anwenden. *Dem Kind aus der Arbeiterklasse aber steht nur eine einzige sprachliche Form zur Verfügung.*«[11]

Die Befunde Bernsteins sind anhand deutscher Verhältnisse vor allem von Peter-Martin Roeder und Ulrich Oevermann überprüft und ihrer Tendenz nach bestätigt worden. Roeder und seine Mitarbeiter[12] führten insgesamt 523 Kindern im vierten Schuljahr einen kurzen Stummfilm vor und ließen sie den Inhalt sofort nach der Vorführung niederschreiben. Die Aufsätze wurden nach achtzehn Sprachmerkmalen – Wortschatz sowie Häufigkeit des Auftretens verschiedener Wortarten und Satzkonstruktionen – analysiert. Dabei zeigte sich, daß bei Kindern verschiedener Sozialschichten erhebliche Unterschiede in der *Schriftsprache* bestehen: Es ergab sich ein mathematisch erfaßbarer Zusammenhang zwischen der Zugehörigkeit zur Mittelschicht einerseits und andererseits dem Umfang des Wortschatzes (Länge der Aufsätze, Zahl der mindestens einmal gebrauchten Wörter), der Häufigkeit der Verwendung von Adjektiven, zusammengesetzten Substantiven, adverbialen Bestimmungen des Ortes und der Zeit, von Adverbien und Präpositionen sowie von hypotaktischen Satzgefügen, Kausal-, Lokal- und Attributivsätzen. Kein erfaßbarer Zusammenhang bestand zwischen der Zugehörigkeit zur Mittelschicht und der Verwendung von Konjunktionen (vor allem ›und‹) und von Hilfsverben als Vollverben sowie der Häufigkeit unvollständiger Sätze. D. h., diese Merkmale hafteten primär den Aufsätzen von Unterschichtkindern an.

Um zu illustrieren, was damit gemeint ist, wollen wir auf ein weiteres Experiment Roeders zurückgreifen. Einer Gruppe von Studenten wurden Aufsätze von zehnjährigen Kindern unterschiedlicher sozialer Herkunft vorgelesen, welchletztere sie anhand der Texte bestimmen sollten. Die

[10] B. Bernstein, a. a. O., S. 21.

[11] Ebenda, S. 25.

[12] Vgl. P.-M. Roeder, ›Sprache, Sozialstatus und Bildungschancen‹, in: P.-M. Roeder, A. Pasdzierny und W. Wolf, *Sozialstatus und Schulerfolg,* Quelle & Meyer, Heidelberg 1965, S. 19 f.

Aufsätze waren Nacherzählungen einer Geschichte mit dem Titel ›Das Elchkälbchen‹. Zwei dieser Texte sind die folgenden[13]:

In den Wald haben sie es gebracht. Da bauten die Kinder sich eine Hütte. Sie machten sich was zu essen. Da lief das Elchkälbchen weg. Die Kinder liefen hinter ihm her. Da sahen sie, daß die Hütte brannte. Sie schlugen mit Zweigen auf das Feuer.

Es war einmal ein Elchkälbchen, das trieb sich immer in der Gegend von einem Bauernhaus herum. Morgens machte die Bauersfrau das Fenster auf. Da war das Kälbchen wieder vor dem Haus. Das Kälbchen ging diesmal sogar in das Haus hinein. Da sah es einen gedeckten Tisch und schnupperte überall ein bißchen. Dabei schmiß es sogar ein Ei vom Tisch. Die Hunde, die in ihrem Körbchen lagen, die schauten verdutzt. Als das Elchkälbchen sogar die Blumen verzehrte, da dachte der Hund wahrscheinlich: Unverschämtheit, sowas. Einfach Frauchens Blumen zu fressen und noch alle Eier runterschmeißen. Als es satt war, legte es sich hin und wollte wahrscheinlich verdauen. Als es so da lag, da pochte es an der Tür. Das Elchkälbchen ging hin und machte auf. Da standen zwei Kinder davor. Sie kamen mit der Flasche Milch für das Elchkälbchen. Mit der Flasche Milch lockten sie das Elchkälbchen in den Wald. Dort bauten die zwei Kinder eine Hütte aus Tannengezweig. Dann machten sie ein Lagerfeuer und kochten darauf Spiegeleier. Das Kälbchen ging unterdessen an die Hütte und begann die Tannenzweige abzufressen. Dann bemerkten es die Kinder, liefen hin und lenkten das Elchkälbchen ab. Aber an das Feuer dachten sie gar nicht mehr. Nach einer Weile bemerkte das Mädchen, daß das Feuer sich schon ausgebreitet hatte.

Der erste Text stammt von einem Arbeiterkind, der zweite von einem Akademikerkind. Die Unterschiede (welche in unserer Gegenüberstellung allerdings besonders drastisch hervortreten) waren so deutlich, daß die Beurteiler 78% der Aufsätze hinsichtlich der sozialen Herkunft der Verfasser richtig einschätzten.

Ganz ähnlich wie bei der Schriftsprache verhält es sich bei der *mündlichen Sprache*. Ein Mitarbeiter Roeders zeigte einer Gruppe zehnjähriger Schülerinnen, von denen die eine Hälfte aus Arbeiterfamilien, die andere aus Akademikerfamilien kam, eine Reihe von Illustriertenbildern (Verkehrsunfall, Motorradrennen, Stierkampf u. a.) und forderte sie nacheinander auf, über die Bilder zu sprechen. »Die Mädchen aus Akademikerfamilien sprachen durchschnittlich

[13] Vgl. ebenda, S. 23.

insgesamt 651 Wörter gegenüber 438,4 der Unterschicht, also etwa ein Drittel mehr (umgerechnet auf 10 Minuten Interviewdauer). Der mittlere Wortschatz der Unterschicht-Mädchen lag bei 138,3 verschiedenen Wörtern gegenüber 193,8 bei den Mittelschicht-Mädchen.«[14] Im einzelnen verwendeten die Mädchen aus der Mittelschicht mehr Verben, Adjektive; Adverbien und Pronomina sowie mehr verschiedene Präpositionen als die aus der Unterschicht.

Betrachten wir auch für die mündliche Sprache ein Beispiel. Studenten der Universität Bochum haben im Winter 1969/70 im Rahmen eines Seminars über ›Soziolinguistik‹ empirisches Material vor allem über den restringierten Sprachstil zusammengetragen.[15] Darunter finden sich Äußerungen eines ca. 50jährigen Duisburger Arbeiters und Betriebsratsvorsitzenden (A), der in seiner Stammkneipe über seine Kriegsgefangenschaft in Rußland berichtet:

A: Und in Sibirien mal, da kam mal nen Auto hin, nen Lastwagen war gekommen, mit voll Wurst, mußten wir entladen. Jetzt hab ich den komischen Namen C . . ., das war mal früher einen russischen Professor, jetzt hieß es dann immer ›Professor‹. Und dann ging ich abends pinkeln und da hat er mich erwischt, aber . . . da sah ich den Lkw – ich wußte nicht was drin war – ich wußte nur Verpflegung drin. Ich gleich innen Wagen reingesprungen und die immer angereicht, und die mußten immer schleppen. Alles auf einmal gefressen – alles. Ich hab nichts gehabt; aber nen vollen Bauch gehabt . . . Dann haben wir alles verkauft. Ab ins Lager.
N: An wen denn? An die Russen?
A: Nee, an unsere Leute. Die krichten doch Geld. Dadurch hatten wir immer Geld gehabt. Bis die uns dahintergekommen sind. Da haben sie uns gefilzt. Das haben wir innen Sohlen drinnen gehabt, Du, – und doch gefunden. Hab ich gedacht, jetzt biste reif, aber der, der es mich abgenommen, hats für sich behalten, war keine Meldung, nichts. Dat war nen russischen Major – war nen Jude – aber ein feiner Kerl. Dem hab ich das halbe Büro rausgeklaut. Sämtliche Pässe. Die ham wir verkauft an die Russen da draußen wieder. . . . Alles Ganoven, Du. Ham die so drin.[16]

Dem ersten Aufsatz über das ›Elchkälbchen‹ und dem Bericht von A ist, bei allen formalen Unterschieden, eines

[14] P.-M. Roeder, ›Sprache, Sozialstatus und Schulerfolg‹, in: b:e-Redaktion (Hrsg.), *Familienerziehung, Sozialschicht und Schulerfolg,* Beltz, Weinheim, Berlin und Basel 1971, S. 8.
[15] Studentisches Seminar ›Soziolinguistik‹, *Sprachbarrieren,* Spartakus, Hamburg ³1970, S. 149 ff.
[16] Ebenda, S. 165 ff.

gemeinsam: Sie erfassen die zu vermittelnde Realität nur höchst unvollkommen. Der Aufsatzschreiber teilt von den vielen Details der Geschichte – wie sie in der Wiedergabe durch das Akademikerkind hervortreten – nur eine knappe Auswahl mit, die es dem uninformierten Leser sehr schwer macht, die Zusammenhänge zu begreifen. Er müßte zu diesem Zweck eine ganze Reihe von Zusatzfragen stellen oder sich aus anderen Quellen informieren. Eben das gilt auch für den Bericht von A. Die Erlebnisse, die er mitteilt, setzen – so, wie sie formuliert sind – eine Menge konkreter Informationen über Standort und innere Situation des Lagers, über die Beziehungen zwischen Bewachern und Gefangenen, über die Versorgungslage usw. voraus, ganz zu schweigen von den historischen Ereignissen, welche zu der Gefangenschaft führten. Der Stil von As Mitteilung verlangt im Grunde einen Zuhörer, der ganz ähnliche Erlebnisse gehabt hat. Nur innerhalb der Kommunikation mit seinesgleichen ist dieser Stil angemessen; man kann auch sagen, er ist auf diese Kommunikation eingeschränkt, restringiert. Der im restringierten Stil Sprechende ist also in relativ geringem Maße fähig, wesentliche inhaltliche (nicht allein formale) Dimensionen der von ihm gemeinten Realität zu erfassen: daß sie einen bestimmten Stellenwert in Raum und Zeit hat und daß sie eine mehr oder weniger komplexe logische Struktur, d. h. Beziehungen wie Grund und Folge, Möglichkeit und Wirklichkeit, Allgemeinheit und Besonderheit, Einschränkung, Abhängigkeit und Wechselwirkung, aufweist. ›Erfassen‹ heißt dabei sowohl ›wahrnehmen‹ wie ›in Worte fassen‹. Damit ist gesagt, daß der restringierte Sprachstil nicht nur Einschränkungen der sprachlichen Ausdrucksfähigkeit, sondern auch der Wahrnehmungs- und Denkfähigkeit, allgemein: der *kognitiven* Fähigkeiten einschließt. Wie Oevermann im Anschluß an Bernstein dargetan hat[17], gründet dieser Zusammenhang in der Tatsache, daß das Unterschichtkind nur in geringem Maße – durch das Vorbild wie durch das Erziehungsverhalten der Mutter – veranlaßt wird, seine Gefühle und affektiven Zustände sprachlich zum Ausdruck zu bringen. So gewinne es nicht nur keine Distanz zu sich selbst, sondern auch nicht zu den Objekten seiner Umwelt und ihren Zusammenhängen. Anders das Kind aus der Mittelschicht:

[17] U. Oevermann, ›Soziale Schichtung und Begabung‹, in: *Zeitschrift für Pädagogik*, Beiheft 6, 1966, S. 175.

Während das Unterschicht-Kind seine affektiven Zustände eher in unmittelbaren, nicht-verbalen, expressiven Gesten auslebt, lernt das Mittelschicht-Kind relativ früh, sich durch Verbalisierung davon zu distanzieren. Die Verbalisierung wird ständig positiv durch das Verhalten der Mutter verstärkt. Auf diese Weise gewinnt das Kind immer mehr ein verbales Instrumentarium, mit dem es differenziert Emotionen einsichtig ausdrücken und für sich selbst manipulierbar machen kann. Man kann nun annehmen, daß sie sprachliche Differenzierung und die damit einhergehende inviduierte Perzeption des Selbst und der Umwelt ausgedehnt wird auf die kognitive Erfassung von Objekten und so die Einsicht in komplizierte raum-zeitliche Zusammenhänge ermöglicht. Wir können schematisch festhalten, daß die sprachliche Differenzierung ansetzt mit einer Verbalisierung von affektiven Zuständen und Emotionen und später die Differenzierung kognitiver Fähigkeiten ermöglicht.[18]

Eine für die kognitive Entwicklung wichtige Voraussetzung, welche Bernstein betont hat[19], ist die Einstellung der Eltern zum *Neugierverhalten* des Kindes. Die Psychoanalyse hat gezeigt[20], daß hierbei besonders ihre Reaktion auf die kindliche Sexualneugier in der ödipalen Phase von Bedeutung ist: Wird diese Neugier zusammen mit den ödipalen Triebregungen[21] radikal durch Verbote abgeschnitten, so können daraus lebenslange Denk- und Lernhemmungen erwachsen; wo immer es neue Erfahrungen – sinnlicher wie intellektueller Art – zu machen gilt, wirkt das verinnerlichte elterliche Verbot nach, das solche Erfahrungen tabuiert. Ist die elterliche Reaktion hingegen verständnisvoll und elastisch, geht sie z. B. mit angemessener Sexualaufklärung einher, so kann das Neugierverhalten zusammen mit den ödipalen Impulsen ›sublimiert‹ werden: Wie diese in sozial gebilligte Verhaltensweisen, Freundlichkeit und Aktivität, umgesetzt werden, wird auch die Sexualneugier in das Bestreben transformiert, die soziale und natürliche Umwelt zu erforschen. Bronfenbrenner hat nun ermittelt[22], daß die Sexualerziehung der Unterschicht sich seit einigen Jahren immer stärker dem erstgenannten Typus annähert. D. h. aber, daß diese Erziehung in immer geringerem Maß geeignet ist, Neugierverhalten zu fördern. Damit kommt es auch hier zu einem »kumulativen Prozeß«: Infolge des elterlichen, vor

[18] Ebenda.
[19] B. Bernstein, a. a. O., S. 21.
[20] Vgl. etwa S. Freud, *Gesammelte Werke*, Bd. VIII, S. Fischer, Frankfurt am Main [3]1955, S. 146 f.
[21] Vgl. oben S. 56 f.
[22] Vgl. oben S. 54.

allem des mütterlichen Verhaltens ermangelt das Unterschichtkind nicht nur der (sprachlichen) *Mittel,* sondern auch der *Motivation* zur Ausbildung differenzierter kognitiver Fähigkeiten; beide Faktoren greifen ineinander. So kommt es zum Bild des ›dummen‹ und ›faulen‹ Arbeiterkindes ohne jeden Drang zu ›Höherem‹, dessen Anblick viele Lehrer an die Erblichkeit derartiger Verhaltensmerkmale glauben läßt.

Man muß demgegenüber mit Bernstein immer wieder an die *sozialstrukturellen* Bedingungen solcher Entwicklungen erinnern. Auch sie lassen sich weitgehend in der unterschiedlichen Arbeitssituation der beiden Schichten aufsuchen, wie sie von Pearlin und Kohn[23] gekennzeichnet worden ist: Unterschichtangehörige sind an ihrem Arbeitsplatz strenger Überwachung ausgesetzt, haben mehr Umgang mit Dingen als mit Ideen, Symbolen und Menschen und brauchen bei ihrer Arbeit wenig Selbstvertrauen, weil sie nicht verantwortlich für sie sind; für Mittelschichtangehörige gilt in allen Punkten das Gegenteil. Das aus dieser unterschiedlichen Arbeitssituation resultierende unterschiedliche Sprachverhalten könnte man mit einem Wortspiel charakterisieren: Je weniger jemand zu sagen hat, um so weniger hat er zu sagen.

Die Überwachung des Arbeiters am Arbeitsplatz[24] läßt Gespräche nur in geringem Umfang zu, wenn sie vom Lärm der Maschinen nicht überhaupt unmöglich gemacht werden. Da die Arbeit selbst in kleinste Takte zerlegt ist, deren jeder einem bestimmten Arbeitsplatz zugeordnet und von dessen Inhaber in monotoner Wiederholung immer wieder zu vollziehen ist, während das Arbeitsresultat als Ganzes sich seiner Wahrnehmung entzieht, sind Gespräche über die Arbeit auch überflüssig. Der Arbeiter führt Befehle aus, ohne ihren Sinn zu hinterfragen. Daß der von ihm gebrauchte restringierte Sprachstil oft Befehle und apodiktische Feststellungen enthält, kann als Hinweis dafür gelten, daß er diese Form der Kommunikation am Arbeitsplatz weitgehend genug verinnerlicht hat, um sie auch in seinem sonstigen Verhalten für normal anzusehen. Ähnliches gilt für die Beobachtung Bernsteins, daß im restringierten Stil individuelle Einschränkungen aus der Satzstruktur weggelassen werden, die subjektive Absicht also nicht in Worten

[23] Vgl. oben S. 75 ff.
[24] Vgl. oben S. 33 ff.

zum Ausdruck kommt: Die Tatsache, daß der Arbeiter als Individuum am Arbeitsplatz ›nichts zu sagen‹ hat, führt dazu, daß er individuelle Mittelungen überhaupt aus seinem Sprachgebrauch tilgt. Wie Popitz und seine Mitarbeiter gezeigt haben, ist das Bewußtsein des einzelnen Arbeiters, der als einzelner gar nichts gilt und Verbesserungen seiner Lage nur durch solidarische Massenaktionen erhoffen kann, in weitaus stärkerem Maße Kollektiv- als Individualbewußtsein.[25] Davon werden auch weitere Merkmale seiner Sprache geprägt: »Auf Grund der verschiedenen Untersuchungen zum Gesellschaftsbild des Arbeiters kann man annehmen, daß der Arbeiter in seiner Schicht einen homogenen Bewußtseinsstand voraussetzen kann, und deshalb, ohne Mißverständnisse befürchten zu müssen, einen Satz unvollendet«[26] oder syntaktisch unvollständig lassen kann. Der häufige Gebrauch traditioneller Wendungen und Aphorismen dürfte ebenfalls aus diesem Kollektivbewußtsein zu erklären sein. Als Ausdruck der allgemeinen Klassenlage des Arbeiters schließlich läßt sich das Kreisgespräch interpretieren:

Das häufige Vorkommen von Kreisgesprächen verweist sowohl auf die Position des Arbeiters am Arbeitsplatz als auch auf seine gesamtgesellschaftliche Situation. Der eng begrenzte Erfahrungsbereich am Arbeitsplatz, der tendenziell allen Arbeitern gemein ist, bedingt die Rückversicherung der Gesprächspartner und schlägt sich in der Form des Kreisgesprächs nieder. Sie muß als Form von Kommunikation angesehen werden, die keine Möglichkeit des Ausbrechens bietet, und entspricht damit der Erfahrung des Arbeiters, dem die Möglichkeiten sozialer Mobilität kaum gegeben sind, der von neuen Erfahrungen überdies nichts zu erwarten hat und sich deshalb resigniert seine alten Erfahrungen bestätigt.[27]

Der restringierte Sprachstil der Unterschicht kann, betrachtet man ihn so, eine hochgradig *solidaritätsstiftende* Funktion haben. Schon Popitz u. a. fiel an den Äußerungen der von ihnen interviewten Arbeiter »eine Gleichförmigkeit« auf, »die bis in die Formulierungen hineinreicht . . . Sie deutet auf einen allgemeinen, relativ fest umrissenen Bestand von Vorstellungen, Gesichtspunkten und Thesen, der den Arbeitern gemeinsam zur Verfügung steht und auf den sie

[25] Vgl. oben S. 48 f.
[26] *Sozialisation und kompensatorische Erziehung,* vervielf. Manuskript, Berlin 1969, S. 139.
[27] Ebenda, S. 140.

bei ihren Antworten zurückgreifen können.«[28] Die Autoren führen diese »soziale Topik« (d. h. den Gesamtbestand klassenspezifischer »Topoi« [= wiederkehrende Redewendungen, Gemeinplätze]) auf gemeinsame sozialgeschichtliche Erfahrungen der Arbeiterschaft wie Arbeitslosigkeit, Wirtschaftskrisen, politische Niederlagen zurück. Sie erleichtere »dem Arbeiter die Orientierung in der heutigen sozialen und geschichtlichen Wirklichkeit«.[29] Das bedeutet, schließt Oskar Negt[30], daß sie nicht nur »die psychologische Funktion der Bestätigung einer sozialgeschichtlich bedingten Gruppensolidarität« erfüllt, sondern auch »die kognitive Funktion der Erschließung der Wirklichkeit durch die ordnende Selektion der Wahrnehmungen und Informationen«. Negt möchte deshalb die »soziale Topik« für die Arbeiterbildung fruchtbar machen: Weil der Arbeiter sich an ihrem Leitfaden die Wirklichkeit erschließe, weil sie zudem auf unmittelbare, aus seiner Klassenlage erwachsende Interessen bezogen sei, könne die Interpretation der »Topoi« im aktuellen gesamtgesellschaftlichen Zusammenhang auf besonderes Interesse, besondere Lernbereitschaft rechnen und schließlich Bewußtseinsveränderungen in emanzipatorischer Richtung herbeiführen.

Freilich – so sehr der restringierte Sprachstil die Stärkung der Klassensolidarität, die Abgrenzung gegen ›die da oben‹ fördert und dadurch die subjektive Integration der Arbeiter – bei Fortbestehen des objektiven Klassengegensatzes – verhindert, enthält er doch »gleichzeitig ein Element, das der Verdinglichung des Denkens entgegenkommt und das Bewußtsein der eigenen Interessenlage blockiert«[31]: Die »Topoi« können, weil sie nur noch Reste, aber nicht mehr integrierende Bestandteile eines proletarischen Klassenbewußtseins sind, unbemerkt durch *wirkliche* Gemeinplätze ersetzt werden; man denke an tarif- und sozialkonfliktfeindliche, auf soziale ›Harmonie‹ abzielende Kampagnen der *Bildzeitung,* von der viele Arbeiter noch immer glauben, sie vertrete ihre Interessen, wiewohl von der ›Harmonie‹ allein die wirtschaftlich und politisch Herrschenden profitieren. In solchen Fällen wirken die beschränkten sprachlichen und kognitiven Fähigkeiten er-

[28] H. Popitz, H. P. Bahrdt, E. A. Jüres und H. Kesting, *Das Gesellschaftsbild des Arbeiters,* Mohr, Tübingen ³1967, S. 82.
[29] Ebenda, S. 86.
[30] O. Negt, *Soziologische Phantasie und exemplarisches Lernen,* Europäische Verlagsanstalt, Frankfurt am Main 1968, S. 48.
[31] Ebenda, S. 52.

kenntnishemmend und systemstabilisierend. Man muß deshalb mit Marina Neumann-Schönwetter[32] vor einer »Verklärung« der Unterschichtsprache warnen, wie sie von einigen linksidealistischen Soziologen betrieben wird. Es ist nicht wahr, daß diese Sprache »eher geeignet« ist, »die Widersprüche des Systems auf den Begriff zu bringen, als die blasse, leere Abstraktion und nur kalkulatorische Rationalität bürgerlicher Individuen«[33] – einfach deshalb, weil zur Artikulation von Widersprüchen – logischen oder gesellschaftlichen – ein *System* von logischen Kategorien erforderlich ist, über das die Unterschichtsprache als Unterschichtsprache definitionsgemäß nicht verfügt. Eine Äußerung wie die von Popitz u. a. registrierte: »Das Kapital ist darauf bedacht zu verdienen. Die gehen über Leichen«[34] gibt die Klassenlage der Arbeiter zweifellos sehr treffend wieder. Aber sie ist zugleich mißverständlich, insofern sie diese Lage gewissermaßen auf eine Verschwörung der Kapitalisten zurückführt, die eben »darauf bedacht« sind, um des Profits willen die Arbeitskräfte bis zum physischen Ruin auszubeuten. Daß es das kapitalistische *System* ist, innerhalb dessen eine Anzahl von Unternehmungen in einem Konkurrenzverhältnis zueinander steht und deshalb aus ökonomischer Rationalität gezwungen ist, Kapital zu akkumulieren und die Produktionsanlagen maximal auszunutzen, daß also das Profitstreben nicht primär der Geldgier der Kapitalisten und die Ausbeutung nicht primär ihrer persönlichen Bosheit zuzuschreiben ist, macht die zitierte Äußerung weniger deutlich. Die Theoretiker der Arbeiterklasse – Marx, Engels, Lenin, Luxemburg –, denen es um die Beschreibung eben jenes Systemcharakters zu tun war, bedienten sich nicht zufällig des elaborierten Sprachstils.

[32] M. Neumann-Schönwetter, ›Soziale Determinanten kognitiver und sprachlicher Entwicklung‹, in: W. Gottschalch, M. Neumann-Schönwetter und G. Soukup, *Sozialisationsforschung*, Fischer-Taschenbuch 6503, S. 119.
[33] K. Ehlich, J. Hohnhäuser, F. Müller und D. Wiehle, ›Spätkapitalismus – Soziolinguistik – Kompensatorische Spracherziehung‹, in: *Kursbuch* 24, 1971, S. 49.
[34] H. Popitz u. a., a. a. O., S. 203.

6. Sozialisation in der Schule

Die von der bestehenden Sozialstruktur bedingten schichtspezifischen Sozialisationsprozesse in der Familie – so lassen sich die drei letzten Kapitel zusammenfassen – begünstigen die Bildung unterschiedlicher schichtspezifischer ›Sozialcharaktere‹. Die *objektive* Struktur der Klassengesellschaft findet auf diese Weise ihr *subjektives* Korrelat in der Charakterstruktur der Individuen; sie wird selbst verinnerlicht. Indem die Beherrschten, ohne ein Bewußtsein davon zu haben, sich und ihren Nachkommen noch einmal und stets von neuem antun, was der kapitalistische Produktionsapparat ihnen antut, leisten sie selbst den wichtigsten Beitrag zur Stabilisierung der Herrschaftsverhältnisse. Was vermöchte, sofern eine kurzfristige und radikale Veränderung dieser Verhältnisse nicht zu erreichen ist, den in beiden Schichten auf fast ›natürliche‹ Weise »zirkelförmigen Verlauf«[1] des Sozialisationsprozesses in eine andere Richtung zu lenken? Ist die ›sekundäre‹ Sozialisation imstande, das Ergebnis der ›primären‹ zu korrigieren? Die folgende Betrachtung der wichtigsten sekundären Sozialisationsinstanz: der *Schule* soll diese Frage zu klären versuchen.

Dabei werden aus dem Gesamtkomplex Schule jene Faktoren herausgegriffen, durch die das Kind in besonders folgenreicher Weise mit dem Schulsystem in Berührung kommt: Testverfahren und Lehrerverhalten. Das System selbst ist gekennzeichnet durch eine vertikale Gliederung: Auf eine für alle Kinder gemeinsame vier- bis sechsjährige Grundschule folgen drei getrennte Schulzweige: Hauptschule, Realschule und Gymnasium, die bis heute von einander unabhängig sind und zu qualitativ verschiedenen Abschlüssen führen. Verschieden ist auch die Kapazität der einzelnen Zweige: Zahl und Fassungskraft der Gymnasien sind so beschränkt, daß nur ein geringer Teil aller Schüler diese Schulen besuchen kann; Entsprechendes gilt für die Realschulen. Dieser pyramidenförmige Aufbau unseres Schulsystems macht es erforderlich, daß an den Übergängen zu weiterführenden Schulen eine Auslese stattfindet. Die Kriterien, nach denen *diese* Auslese sich vollzieht, werden

[1] H.-G. Rolff, *Sozialisation und Auslese durch die Schule,* Quelle & Meyer, Heidelberg, [2]1969, S. 18 f.

wir weiter unten betrachten. Aber auch schon dem Schulanfänger stellt sich die Schule als ein System dar, das in stärkerem Maße Auslese als Förderung betreibt.
In der Bundesrepublik hat es sich fast allgemein durchgesetzt, daß das Kind vor der Einschulung auf seine körperliche, geistig-psychische und soziale Schulreife untersucht wird. Die Attestierung der körperlichen Reife ist Voraussetzung für die Zulassung zum eigentlichen *Schulreifetest.* Dieser wird meist mit Papier und Bleistift durchgeführt. Ein weitverbreiteter Test ist der Kettwiger Schulreifetest (KST), dessen Aufgaben – das Nachzeichnen von »Buchstaben, Figurenkombinationen, Mengengestalten oder Hieroglyphen irgendwelcher Art«[2] – »eine komplexe Leistung« verlangen, »bei der die Kinder alle Fähigkeiten und Fertigkeiten aktivieren müssen. Intelligenz, Differenzierungsfähigkeit, optisches Aufgliederungsvermögen, Konzentrationsfähigkeit, Erfassen von Mengen, Zählen, Arbeitsbereitschaft und das Verständnis der mündlich gegebenen Instruktionen bestimmen in ihrem Zusammenwirken die Leistung.«[3] Wir müssen uns an dieser Stelle an das oben[4] über den Zusammenhang zwischen sprachlicher und kognitiver Entwicklung Gesagte erinnern: Wer nur über beschränkte sprachliche Fähigkeiten verfügt, ist auch in seiner Wahrnehmungs- und Denkfähigkeit eingeschränkt. Dieser Zusammenhang findet sich nun primär bei Unterschichtkindern; *ihre* sprachliche ›Restringiertheit‹ dürfte sich nicht nur negativ auf das »Verständnis der mündlich gegebenen Instruktionen«, sondern auch auf »Differenzierungsfähigkeit«, »optisches Aufgliederungsvermögen« und »Konzentrationsfähigkeit« auswirken.[5] Daß »Arbeitsbereitschaft«, also Leistungsmotivation, kein spezifisches Persönlichkeitsmerkmal von Unterschichtkindern ist, wurde ebenfalls erwähnt.[6] Darüber hinaus ist, wenn wir von Rolle und Verhalten des Lehrers hier noch absehen, die Testsituation insofern für

[2] R. Meis, ›Deutsche Schulreifetests. Vergleiche und neue Forschungsergebnisse‹, in: K. Ingenkamp und Th. Marsolek (Hrsg.), *Möglichkeiten und Grenzen der Testanwendung in der Schule,* Beltz, Weinheim, Berlin und Basel 1968, S. 515.
[3] Ebenda.
[4] Vgl. S. 89 f.
[5] Vgl. dazu U. Oevermann, ›Schichtenspezifische Formen des Sprachverhaltens und ihr Einfluß auf die kognitiven Prozesse‹, in: H. Roth (Hrsg.), *Begabung und Lernen,* Klett, Stuttgart [2]1969, S. 319: »Daß die Mittel des sprachlichen Ausdrucks nicht nur Instrumente zur Kommunikation sprachfrei vorgefertigter Denkinhalte und Vorstellungen sind, sondern vielmehr erst Denkprozesse konstituieren, indem sie diffuse und ungegliederte psychische Prozesse ordnen und strukturieren, ist in der Literatur vielfach betont worden.«
[6] Vgl. oben S. 60 ff.

Unterschichtkinder ungewohnt, als für sie der Umgang mit Papier und Bleistift durchaus nicht selbstverständlich ist. »Von durchschnittlichen deutschen Schulanfängern darf erwartet werden, daß sie im Umgang mit irgendwelchen Schreib- und Malwerkzeugen Erfahrungen sammeln konnten. Für Kinder aus einem Milieu, wo Stifte und Papier nicht zum Spiel bereitlagen, ist der Test selbstverständlich weniger verläßlich«, schreibt der oben zitierte Autor lakonisch.[7]

Darüber, wie Kinder aus jenem »Milieu« beim Kettwiger Test abschneiden, habe ich keine Angaben finden können. Es gibt jedoch eine Erhebung von Willy Cordt und Karlheinz Walter über schichtspezifische Resultate beim Weilburger Schulreifetest, einem Gruppentestverfahren, bei dem ebenfalls Papier und Bleistift benutzt werden.[8] Diese Erhebung umfaßt mehr als 3000 Schulanfänger in Duisburg und kommt zu dem Ergebnis, daß unter den Kindern von Akademikern, höheren Beamten und leitenden Angestellten 92% für reif, 5% für bedingt reif und 3% für unreif erklärt wurden, während diese Zahlen bei Kindern von angelernten Arbeitern (in der genannten Reihenfolge) 67, 17 und 16% und bei Kindern von ungelernten Arbeitern 59, 18 und 23% betrugen.[9] Es ist deutlich: Schulreifetests begünstigen Mittelschichtkinder.

Intelligenztests werden bei uns, im Gegensatz zu anderen Ländern, bei Schulbeginn selten durchgeführt; sie dienen meist zur Erkennung jener Kinder, die eine heilpädagogische Betreuung in Sonderschulen brauchen. In späteren Jahren, vor allem in den letzten Klassen der Hauptschule, werden sie auch zur Ermittlung spezifischer Berufseignungen benutzt. Betrachten wir auch hier ein Beispiel: den in der Bundesrepublik meistverwendeten ›Hamburg-Wechsler-Intelligenztest für Kinder‹ (HAWIK).[10] Der Test setzt sich aus einem Verbalteil und einem Handlungsteil zusammen. Im ersteren werden gemessen: allgemeines Wissen (»Warum schwimmt Öl auf dem Wasser?« »Wer schrieb den Erlkönig?«), allgemeines Verständnis (»Warum werden Verbrecher eingesperrt?«), rechnerisches Denken (»Wenn 3 Schreibfedern 5 Pf. kosten, wieviel kosten dann 24 Schreib-

[7] R. Meis, a. a. O.

[8] W. Cordt und K. Walter, ›Ein Duisburger Beitrag zur Untersuchung von Lernanfängen‹, in: *Pädagogische Rundschau* 17, 1963.

[9] Ebenda, S. 430.

[10] Vgl. dazu Studentisches Seminar ›Soziolinguistik‹, *Sprachbarrieren*, Spartakus, Hamburg [3]1970, S. 79 ff.

federn?«), Gemeinsamkeiten finden (»Was ist das Gemeinsame bei Katze und Maus; bei Freiheit und Gerechtigkeit?«) und der Wortschatz (»Was ist ein Hund; ein Zirkus; Einlegen; Suppression?«). Besonders den Wortschatz einer Person betrachten die Testautoren »als ausgezeichneten Maßstab ihrer allgemeinen Intelligenz. Die Anzahl der Worte, über die ein Mensch verfügt, bildet ein Maß seiner Lernfähigkeit, seines Bestandes an sprachlichen Kenntnissen und seines allgemeinen Vorstellungsumfanges.«[11] Wer über einen solchen Wortschatz in besonderem Maße verfügt, ebenso wie über die sonstigen Kriterien verbaler Intelligenz, die der Test erfaßt, sollte einmal mehr deutlich sein: die Kinder der Mittelschicht. Sie müssen in Intelligenztests wie dem HAWIK besonders gut abschneiden – um so mehr, als der Handlungsteil, der Aufgaben wie Bilderergänzen, Bilderordnen und Figurenlegen enthält, nicht unabhängig vom Verbalteil ist, sondern hoch mit ihm korreliert. D. h., eine gute oder schlechte Leistung im Handlungsteil geht in der Mehrzahl der Fälle mit einer entsprechenden Leistung im Verbalteil einher.

Schulreife- wie Intelligenztests beanspruchen, unbeeinflußt von menschlicher Zu- oder Abneigung, rein wissenschaftlich-objektiv die Fähigkeiten eines Kindes zu erfassen. Sie lassen jedoch außer acht, daß in den verschiedenen Schichten unserer Gesellschaft durchaus verschiedene Fähigkeiten als wünschenswert gelten und gefördert werden. Damit aber nicht genug: Indem sie sprachliche Fähigkeiten als spezielles Kriterium für ›Reife‹ und ›Intelligenz‹ definieren, erheben sie den Entwicklungsstand des Mittelschichtkindes, bei dem jene Fähigkeiten aus bestimmten, letztlich sozioökonomischen Gründen gefördert wurden, zum *absoluten Maßstab,* hinter dem das Arbeiterkind notwendig zurückbleibt. Daß dies nicht nur für die hier angeführten Beispiele gilt, hat Karlheinz Ingenkamp, der führende deutsche Schultestexperte, klargemacht:

> Alle Intelligenz- und Eignungstests (sind) an den Vorstellungen über intelligentes Verhalten, Begabung, Leistung orientiert, die in den Schichten der Gesellschaft entwickelt wurden, die im Besitz der wirtschaftlichen und politischen Macht sind und die Bildungsinstitutionen formen. Wir wissen aus einigen Untersuchungen . . ., daß Sprach- und Denkformen in verschiedenen Sozialschichten unterschiedlich geprägt werden. Die üblichen Tests

[11] D. Wechsler, *Die Messung der Intelligenz Erwachsener,* Huber, Bern und Stuttgart 1956; zitiert nach: Studentisches Seminar ›Soziolinguistik‹, a. a. O., S. 82.

sind jedoch überwiegend auf die Sprach- und Denkformen der bürgerlichen Ober- und Mittelschicht abgestimmt, der auch die Testkonstrukteure entstammen ... Die Konstruktion schichtenneutraler Eignungstests ... liegt also noch als Aufgabe vor uns.[12]

Schon während der Tests werden die Kinder mit der für sie in den nächsten Jahren nach den Eltern wichtigsten Person konfrontiert: *dem Lehrer*. Von seinem Verhalten hängt es weitgehend ab, ob und in welchem Grad durch das Elternhaus bedingte Sozialisationsdefizite korrigiert werden können.[13] Da wir indes die Bedeutung schichtspezifischer Sozialisationsprozesse für das Individuum in den voraufgegangenen Kapiteln kennengelernt haben, sollten wir, bevor wir das Verhalten des Lehrers betrachten, auch nach *seiner* Herkunft fragen.

Wir können uns hierbei auf einige deutsche Untersuchungen stützen. Hasso v. Recum befragte 1954 395 Studierende an Pädagogischen Hochschulen in Schleswig-Holstein nach ihrer sozialen Herkunft.[14] Von den 189 Personen, die die Fragen beantworteten, stammten 28% der weiblichen und 8% der männlichen Studenten aus der Schicht der Akademiker, Großbauern und Offiziere, jeweils 54 und 71% aus der Schicht der mittleren Bauern, selbständigen Gewerbetreibenden, Ingenieure, gehobenen kaufmännischen Angestellten und mittleren Beamten sowie jeweils 18 und 21% aus der Schicht der Kleinbauern, einfachen kaufmännischen Angestellten, unteren Beamten und Arbeiter.[15] v. Recum hat also die Zahl der Arbeiterkinder nicht gesondert ermittelt – im Gegensatz zu Hans-G. Rolff, welcher ein Jahrzehnt später Erhebungen des Berliner Statistischen Landesamtes unter diesem Aspekt analysierte.[16] Dabei zeigte sich, daß

[12] K. Ingenkamp, ›Möglichkeiten und Grenzen des Lehrerurteils und der Schultests‹, in: H. Roth (Hrsg.), *Begabung und Lernen*, Klett, Stuttgart ²1969, S. 418 f.

[13] Vgl. dazu B. R. Wilson, ›The teacher's role. A sociological analysis«, in: *British Journal of Sociology* 9, 1958, S. 29 (zitiert nach: G. Steinkamp, ›Lehrer voller Vorurteile?‹, in: *Die Deutsche Schule* 60, 1968, S. 805): »Der Lehrer muß dem Kind zur sozialen Mobilität verhelfen. Er muß Maßstäbe für die Persönlichkeit, Orientierungen und Leistungsvorstellungen vermitteln, die von den im Elternhaus erlernten abweichen. Wenn er dem Kind in seinem ›Vorwärtskommen‹ helfen will, muß er ihm auch helfen, ›mobil‹ zu sein, das heißt, sich von den Werten und Maßstäben der Eltern zu entfernen. Der Lehrer muß den geistigen Horizont des Kindes erweitern, ihm zur Kenntnis der verschiedensten Möglichkeiten verhelfen, das Niveau seiner Erwartungen zu heben, und es anregen, seine Begabung einzusetzen, so daß es ihm möglich ist, in der Sozialstruktur eine Position zu erhalten, die von den Rollen seiner Eltern abweicht und nicht von ihnen bedingt ist.«

[14] H. v. Recum, ›Soziale Strukturwandlungen des Volksschullehrerberufs‹, in: *Kölner Zeitschrift für Soziologie und Sozialpsychologie* 7, 1955.

[15] Ebenda, S. 576.

[16] H.-G. Rolff, a. a. O., S. 73.

(1963) von den Berliner Lehrerstudenten lediglich 7% aus Arbeiterfamilien stammten. Noch geringer ist der Prozentsatz, den Otmar Preuß (1966) bei der Befragung von 148 Lehrern im Regierungsbezirk Osnabrück ermittelte[17]: Von ihnen stammte kein einziger aus der Schicht der ungelernten und angelernten Arbeiter; nur 5% waren Kinder von Facharbeitern oder unselbständigen Meistern, aber allein 71% Kinder von Selbständigen in Handel und Gewerbe, leitenden Angestellten, höheren Beamten und freiberuflich Tätigen.

Daß Lehrer ganz überwiegend der oberen Mittelschicht entstammen, macht sich zunächst in dem bemerkbar, was man mit Martin Schwonke ihr »Gesellschaftsbild« nennen könnte.[18] Es wird entscheidend von dem ständig steigenden Anteil des weiblichen Geschlechts im Lehrberuf geprägt.[19] Schwonke sagt dazu:

Die Lehrerin ist in der Regel nicht die sozial Aufsteigende, sondern die Tochter aus gutbürgerlichem Hause, die einen ihr angemessenen Beruf ausübt ... Kaum eine (kann) ganz verleugnen, daß sie nach einem fraulichen Leitbild erzogen wurde, das eindeutig schichtgebunden ist und in manchen Zügen aus dem 19. Jahrhundert stammt. Von diesem Modell der höheren Tochter wilhelminischer Bürgerlichkeit stammt die außerordentlich hohe Bewertung des kulturellen, künstlerischen Bereichs, des ›Musischen‹ schlechthin, stammt die idealistische Färbung der Gedankenführung, die Betonung des sittlichen bei Vernachlässigung des sachlichen Aspekts. Die Kenntnis der sogenannten materiellen Bedingungen des Lebens und der Gesellschaft gilt als unweiblich, trägt jedenfalls in der Regel nicht dazu bei, einer Frau als Frau in der Gesellschaft Ansehen zu verschaffen ... Wenn man es überspitzt und paradox ausdrücken will: Im Gesellschaftsbild der Tochter aus gutem Hause kommt die volle Realität der Gesellschaft nicht vor.[20]

Was an dieser Einstellung schon durch das Elternhaus geprägt wurde, erfuhr noch eine Verstärkung durch Höhere Schule und Pädagogische Hochschule. Beide waren zumindest bis in die sechziger Jahre durch eine Pädagogik geprägt, welche sich durch entschiedene »Gesellschaftsferne, Gesellschaftsfremdheit, Gesellschaftsfeindschaft«[21] aus-

[17] O. Preuß, *Soziale Herkunft und die Ungleichheit der Bildungschancen*, Beltz, Weinheim, Berlin und Basel 1970, S. 36.

[18] M. Schwonke, ›Das Gesellschaftsbild des Lehrers‹, in: *Die Deutsche Schule* 58, 1966.

[19] Im Wintersemester 1970/71 betrug das Verhältnis zwischen weiblichen und männlichen Lehrerstudenten an der Universität Frankfurt am Main fast genau 2:1.

[20] M. Schwonke, a. a. O., S. 76 f.

[21] Ebenda, S. 78.

zeichnete und um ›Kultur‹, ›innere Werte‹, das ›Eigentliche‹ zentriert war. So wurden Gymnasiasten wie Lehrerstudenten »in Denkweisen geübt . . ., die für die Erfassung sozialer Tatbestände ungeeignet sind.«[22] Schwonke greift in diesem Zusammenhang auf theologische Vergleiche zurück: »Gilt das sozial Bedingte, also die Gesellschaft, als das Uneigentliche gegenüber der ›zeitlosen Bestimmung‹ des Menschen, dann ist die Wirklichkeit schon moralisch verurteilt, bevor man sie zur Kenntnis genommen hat. Es ist sicher kein Zufall, daß man die Gegenüberstellung von der schlechten zeitbedingten Wirklichkeit und der ›zeitlosen Bestimmung‹ so gut in die Sprache einer anderen Fakultät übersetzen kann: dem sündigen unvollkommenen Diesseits steht dann der Zustand der Erlöstheit im Jenseits gegenüber.«[23] Man müsse jedoch fragen, ob der Standpunkt der pädagogischen Kulturkritiker wirklich im »zeitlosen Jenseits« verankert sei oder nicht vielmehr selbst in einer genau angebbaren Epoche der Sozialgeschichte. Dann zeige sich: »Die Vorstellung einer ›heilen Welt‹, eines ›harmonisch geordneten Ganzen‹, in dem es ›geschlossene Lebensformen‹ . . . gibt, stammt nicht aus einem jenseitigen Reich der Ideen, sondern aus einer konkreten sozialen Situation, wenn auch nicht aus der unseren. Modell und Ausgangspunkt dieses Gesellschaftsbildes ist die *ständische* Gesellschaft.«[24]

Von (im typischen Fall) bürgerlicher bis großbürgerlicher Herkunft und mit einem ständischen, hochgradig realitätsfernen Gesellschaftsbild ausgestattet – so tritt der Lehrer, bzw. die Lehrerin, vor die Klasse. In dieser sitzen, wenn man die von Dahrendorf[25] ermittelte Zusammensetzung der westdeutschen Gesamtbevölkerung zugrunde legt, weniger als 5% Kinder aus jener Schicht, welche fast drei Viertel der Lehrer stellt: aus der Schicht der Selbständigen, höheren Angestellten und Beamten, aber gut 50% Arbeiterkinder. *Sie* fühlen sich, nachdem sie bereits bei den Eignungstests schlechter abgeschnitten haben, zumindest in *einem* weiteren Punkt von Anfang an benachteiligt: Der Lehrer bedient sich, weil ihm von seiner Herkunft wie seiner Ausbildung her die Realität des Schichtgegensatzes und der aus ihm resultierenden unterschiedlichen Sprachstile unbekannt

[22] Ebenda.
[23] Ebenda, S. 82.
[24] Ebenda.
[25] R. Dahrendorf, *Gesellschaft und Demokratie in Deutschland*, Piper, München, 1965, S. 105.

sind, wie selbstverständlich der differenzierten, gebildeten Sprache seiner Sozialschicht und erwartet dies auch von den Schülern. »Dieser Tatbestand verursacht zahlreiche Schwierigkeiten ... Vom Standpunkt des Kindes aus der Arbeiterklasse erscheint das Gefühl des Lehrers dank der Sprache, deren er sich bedient, als unpersönlich.« Da das Kind nur die restringierte Sprache seines Milieus kennt, »verwendet es diese oft in Situationen, für die sie nicht paßt; und das expressive Verhalten sowie die Unmittelbarkeit der Reaktion, welche die Verwendung dieser Sprache zu begleiten pflegen, können vom Lehrer falsch gedeutet werden. Dies kann dazu führen, daß beide, Schüler und Lehrer, die Welt des anderen herabsetzen, so daß die Kommunikation schließlich nur noch dazu benutzt wird, die Unterschiede hervorzuheben.«[26] Anders das Kind aus der Mittelschicht. Es »erlebt ... in der Schule keinen ernsthaften Konflikt zwischen seinen eigenen Erwartungen und denjenigen der Schule ... Zwischen dem Kind und der Rolle des Lehrers besteht kaum ein Wertkonflikt. Von großer Wichtigkeit ist es ferner, daß das Kind aus der Mittelschicht prädisponiert ist, die Sprachstruktur des Lehrers zu akzeptieren und darauf zu reagieren.«[27]

Auf der Basis der gemeinsamen Sprache besteht zwischen Lehrer und Mittelschichtkindern von Anfang an ein Einverständnis, welches die Unterschichtkinder ausschließt. Es ist nun wichtig zu sehen, daß dieses exklusive Einverständnis bald über ein nur sprachliches hinausgeht. Denn mit der elaborierten Sprache verbinden sich im typischen Mittelschichtkind Qualitäten wie ausgeprägtes, kontinuierliches Leistungsstreben, Konzentrationsfähigkeit, Gewissenhaftigkeit, selbständige Arbeitsweise, ›gute‹ Umgangsformen, ›günstiges‹ Äußeres, Gepflegtheit u. a. Alle diese Qualitäten wird der Lehrer auch bei seinen eigenen Kindern für wünschens- und fördernswert halten, weil sie innerhalb seiner Sozialschicht als normal gelten. Da er seine Schichtgebundenheit jedoch nicht durchschaut, neigt er dazu, diese Qualitäten als *absolute* Normen anzusehen und diejenigen, welche hinter diesen Normen zurückbleiben, mit Sanktionen zu belegen. Elfriede Höhn[28] zufolge unterliegen Lehrer häufig dem ›Halo-Effekt‹ (welcher darin besteht, »daß die

[26] B. Bernstein, *Soziale Struktur, Sozialisation und Sprachverhalten,* de Munter, Amsterdam 1970, S. 26.
[27] Ebenda, S. 25.
[28] E. Höhn, *Der schlechte Schüler,* Piper, München 1967.

Beurteilung einzelner Eigenschaften eines Menschen durch die Kenntnis anderer Eigenschaften oder den Gesamteindruck, den man von ihm erhalten hat, stark beeinflußt wird«[29]): Ihre »Überzeugung, daß zum schlechten Schüler das ungünstige häusliche Milieu gehöre, (birgt) die Gefahr in sich zu glauben, ein ungepflegtes, aus sozial niedrigem Milieu kommendes Kind müsse auch ein schlechter Schüler sein. Dabei ist selbstverständlich nicht an ein bewußtes Drücken der Noten gedacht, sondern an unbewußte Erwartungseinstellungen, die aber nicht weniger wirksam sein können.«[30]

Exemplarisch zeigt sich das bisher nur in Umrissen skizzierte diskriminierende Verhalten des Lehrers bei *Eignungsurteilen* im Hinblick auf den Besuch weiterführender Schulen. Nach allgemeiner Überzeugung darf bei derartigen Urteilen nur die Leistung des Schülers eine Rolle spielen. Günther Steinkamp[31] mußte jedoch bei einer Befragung von 334 Hamburger Lehrern (davon ca. 3/4 Lehrerinnen) feststellen, daß »von 78% der befragten Lehrer der meßbaren schulischen Leistung als einzigem und ausschlaggebendem Kriterium eindeutig die Berechtigung abgesprochen«[32] wurde. Bei der überwältigenden Mehrheit der Lehrer reichen also gute Leistungen für die Empfehlung eines Schülers zur weiterführenden Schule nicht aus; es müssen zusätzlich Charaktereigenschaften wie Fleiß, Gewissenhaftigkeit, Ehrlichkeit usw. hinzukommen. Fehlen diese Eigenschaften, so sind 42% der befragten Lehrer nicht einmal bereit, ein besonders begabtes Kind zu empfehlen.[33]

Wie wirkt sich eine solche Lehrereinstellung nun auf Schüler aus den verschiedenen Sozialschichten aus? Betrachten wir zunächst, wie viele Schüler aus jeder Schicht von den durch Steinkamp befragten Lehrern empfohlen werden. Steinkamp greift auf ein Fünf-Schichten-Modell zurück, das wie folgt definiert ist:

O = Obere soziale Schicht: Führungskräfte, größere Unternehmer, leitende Angestellte, Akademiker;
OM = Obere soziale Mittelschicht: selbständige Handwerker

[29] F. Dorsch, *Psychologisches Wörterbuch*, Meiner und Huber, Hamburg und Bern [8]1970, S. 178.
[30] E. Höhn, a. a. O., S. 104 f.
[31] G. Steinkamp, a. a. O.; derselbe, ›Die Rolle des Volksschullehrers im schulischen Selektionsprozeß‹, in: *Hamburger Jahrbuch für Wirtschafts- und Gesellschaftspolitik* 12, 1967.
[32] G. Steinkamp, ›Lehrer voller Vorurteile?‹, S. 806.
[33] Ebenda.

		und Kaufleute, Beamte im gehobenen Dienst, höhere Angestellte, größere Landwirte;
UM 1	=	Untere soziale Mittelschicht 1: Beamte im einfachen und mittleren Dienst, kleine Gewerbetreibende, untere Angestellte, kleine Landwirte, Werkmeister;
UM 2	=	Untere soziale Mittelschicht 2: unselbständige Handwerker, Facharbeiter;
U	=	Untere soziale Schicht: an- und ungelernte Arbeiter.[34]

Auf diese fünf Schichten verteilen sich die empfohlenen Schüler so[35]:

Tabelle 4: Empfehlungen der Lehrer für weiterführende Schulen nach sozialer Herkunftsschicht der Schüler der 2., 3. und 4. Klasse.

Sozialschicht	Schüler insgesamt		Empfehlungen f. Oberschule		Empfehlungen f. Realschule	
	absolut	%	absolut	%*	absolut	%*
O	437	6	262	60	101	23
OM	910	13	357	39	251	28
UM 1	1883	27	421	23	512	27
UM 2	1863	27	167	9	386	21
U	1641	24	85	5	233	14

* Diese Prozentangaben beziehen sich auf die absoluten Schülerzahlen der jeweiligen Sozialschicht.

Während also den Schülern aus der oberen sozialen Schicht zu 60% Oberschuleignung attestiert wird, sind es aus der unteren Schicht nur noch 5%; zwischen diesen Extremen liegen die verschiedenen Mittelschichten. Bei der Empfehlung für die Realschule liegen *diese* Schichten an der Spitze; der Anteil der für geeignet gehaltenen Arbeiterkinder ist jedoch auch hier auffallend niedrig.

Aufschlußreich ist nun, zu welchem *Zeitpunkt* diese Lehrerurteile sich bilden. Steinkamp fragte, wie in Tabelle 4 bereits angedeutet, Lehrer der 2., 3. und 4. Klasse, welche von ihren Schülern sie für geeignet hielten. Die Ergebnisse bezüglich der Oberschuleignung, welche in Tabelle 4 zusammengefaßt sind, lauten, auf die einzelnen Klassen verteilt[36]:

[34] Ebenda, S. 808.
[35] Ebenda.
[36] Ebenda, S. 812.

Tabelle 5: Empfehlungen der Volksschullehrer für die Oberschule nach sozialer Herkunftsschicht und Schulklasse der Schüler.

Sozialschicht	2. Klasse Schüler insges.	O. E.* abs.	%	3. Klasse Schüler insges.	O. E.* abs.	%	4. Klasse Schüler insges.	O. E.* abs.	%
O	155	86	55	129	88	68	153	88	58
OM	313	107	32	268	123	46	329	127	39
UM 1	589	120	20	652	142	22	642	159	25
UM 2	595	52	9	639	62	10	629	53	8
U	482	28	6	573	34	6	586	23	4

* Für die Oberschule empfohlene Schüler.

Schon in der 2. Klasse also hat sich die Auffassung der Lehrer soweit verfestigt, daß das spätere Gesamtergebnis nur noch eine geringfügige Verschiebung der Anteile bringt. Damit aber nicht genug: »Die Einbeziehung von Lehrern der 1. Volksschulklasse in unsere Untersuchung hätte wahrscheinlich den Trend zu einem praktisch ›statischen Empfehlungsverhalten‹ in den vier der Oberschule vorausgehenden Volksschulklassen noch verstärkt.«[37]
Damit ist gesagt, daß die große Mehrzahl der Lehrer sich gar nicht auf eine längere Beobachtung und Förderung des einzelnen Schülers einläßt, um seine individuellen Neigungen und Interessen zu erkunden und auf dieser Grundlage ein abgewogenes Urteil zu fällen, sondern daß beim ersten Eindruck, bei der ersten Konfrontation von Lehrer und Klasse, die zu dem oben charakterisierten exklusiven Einverständnis führt, bereits die Weichen für die nächsten Jahre – und häufig für die Zukunft des Schülers überhaupt – gestellt werden.

Die Eignungsbeurteilung für weiterführende Schulen (scheint) sich von vornherein von der meßbaren Schulleistung zu lösen und sich an anderen Voraussetzungen zu orientieren, deren Existenz bei den unteren sozialen Schichten pauschal bezweifelt und deren positive Funktionalität für den weiteren Schulbesuch als in jedem Falle gegeben angesehen wird.[38]

Otmar Preuß gab sich mit diesem Befund noch nicht zufrieden. Ihm fiel auf, daß nach Steinkamps eigener Feststellung[39] ein weitaus größerer Anteil von Schülern der bei-

[37] Ebenda.
[38] Ebenda, S. 811.
[39] G. Steinkamp, ›Die Rolle des Volksschullehrers . . .‹, S. 313.

den unteren Sozialschichten (29 bzw. 23%) dem Erziehungsideal des Lehrers entsprechen, d. h. die erwarteten positiven Charaktereigenschaften aufweisen, als dann wirklich wirklich für geeignet befunden werden (9 bzw. 5% für die Oberschule; 21 bzw. 14% für die Realschule). Umgekehrt bleibt der Anteil der dem Ideal entsprechenden Oberschichtschüler (53%) hinter dem Anteil der aus dieser Schicht Empfohlenen (60%) zurück. Preuß schließt daraus, »daß auch dann, wenn Unterschichtkinder vom Lehrer die nach seiner Ansicht dem Erziehungsideal entsprechenden Eigenschaften zuerkannt werden, diese in seinen Augen noch nicht ... für den Übergang auf eine höhere Schule legitimieren«[40]; er fragt deshalb geradezu, ob nicht »bloße Schichtzugehörigkeit der Schüler unabhängig von ihren Leistungen und ihrem Verhalten für das Eignungsurteil des Lehrers eine nicht zu unterschätzende Rolle spielt«.[41]

Um den Faktor Schichtzugehörigkeit im Eignungsurteil möglichst präzise zu erfassen, isolierte Preuß die beiden anderen Faktoren Intelligenz und Charaktereigenschaften. D. h., er verließ sich in puncto Intelligenz nicht auf Noten, weil er wußte, daß diese, obzwar sie allein zur Bewertung von Leistungen dienen sollen, oft als Belohnungen bzw. Strafen für ›gutes‹ oder ›schlechtes‹ Benehmen herhalten müssen.[42] Er ließ vielmehr die von ihm ausgewählten 4435 Schüler des 4. Schuljahres im Regierungsbezirk Osnabrück einem Leistungstest, dem ›Leistungsprüfungssystem Horn‹, unterziehen – dessen unterschichtdiskriminierende Qualität er in Kauf nahm[43] — und außerdem für jeden Schüler eine charakterologische Beurteilung durch den Klassenlehrer erstellen. Unabhängig von diesen beiden Kriterien fragte er den letzteren nach der Eignung des Schülers für Abitur, Mittlere Reife oder Volksschulabschluß.

Um die folgenden Übersichten zu verstehen, müssen wir vorausschicken, daß das Fünf-Schichten-Modell, welches Preuß benutzt, von dem Steinkampschen abweicht:

[40] O. Preuß, a. a. O., S. 17.

[41] Ebenda, S. 19.

[42] In einer Studie von K. Lanvermeyer über *Berufsverständnis und Berufswirklichkeit von Berliner Lehrern,* (vervielf. Manuskript, Berlin 1965; zitiert nach: H.-G. Rolff, a. a. O., S. 76) heißt es: »Am häufigsten wurden gute bzw. schlechte Zensuren als Form für Lob bzw. Strafe genannt: ungefähr 55% der Befragten gaben an, daß sie bei ›schlechtem Verhalten‹, bei ›Unaufmerksamkeit‹ und ›Faulheit‹ der Schüler ›vom Notenbüchlein Gebrauch machen‹ würden. Fast ⅓ der Lehrer nannte die ›gute Zensur‹ als Lob bzw. Anerkennung für ›besondere Leistungen‹ und ›vorbildliches Verhalten‹.«

[43] Vgl. O. Preuß, a. a. O., S. 25.

Schicht I = Hilfsarbeiter, Landarbeiter ohne nähere Definition, angelernte Arbeiter, Spezialarbeiter (auch Kraftfahrer), Arbeiter ohne nähere Definition;
Schicht II = Facharbeiter, nichtselbständige Meister;
Schicht III = Nichtleitende Angestellte, Angestellte ohne nähere Definition, Beamte im unteren und mittleren Dienst;
Schicht IV = Selbständige in Handel und Gewerbe, Landwirte;
Schicht V = Leitende Angestellte, Beamte im gehobenen und höheren Dienst, freie Berufe.[44]

Betrachten wir zunächst die Testergebnisse, und zwar der Deutlichkeit wegen nur die Extreme (unter- bzw. überdurchschnittliche Gesamtleistung). Es erzielten ein unterdurchschnittliches Ergebnis: 52% der Kinder aus Schicht I, 41% aus Schicht II, 33% aus Schicht III, 39% aus Schicht IV und 18% aus Schicht V; ein überdurchschnittliches Ergebnis – das Gymnasialeignung anzeigt – erzielten (in der genannten Reihenfolge): 15, 20, 27, 20 und 40% der Kinder aus der jeweiligen Schicht.[45] Darin zeigt sich einmal mehr der ›middle-class bias‹ traditioneller Eignungstests, welcher Unterschichtkinder in jedem Fall durchschnittlich schlechter abschneiden läßt.
Zur charakterologischen Beurteilung der Schüler legte Preuß den Lehrern Listen mit Alternativmerkmalen – wie »sauber – unsauber«, »gute Umgangsformen – mangelhafte Umgangsformen«, »ausdauernd – unkonzentriert«, »interessierbar – schwer anregbar« – vor und bat sie anzugeben, welcher der beiden Alternativen der betreffende Schüler nahekomme. Es zeigte sich ein deutlicher Zusammenhang zwischen Schichtzugehörigkeit, positiver charakterologischer Beurteilung und günstigem Eignungsurteil – d. h., Kinder aus den Schichten IV und V wurden im Hinblick auf ihre Charaktereigenschaften wie auf ihre Eignung für weiterführende Schulen am besten beurteilt.[46] *Diesen* Zusammenhang hatte Steinkamp ebenfalls konstatiert. Der Schritt, welchen Preuß über Steinkamp hinaus tut, besteht in der Feststellung, daß von den beiden Faktoren Schichtzugehörigkeit und positive Charaktereigenschaften der erstere im Urteil des Lehrers bei weitem stärker zu Buch schlägt. Während nämlich z. B. von den Kindern der Schicht V, welchen der Lehrer ein »günstiges Äußeres« bescheinigt, 87% auch für ober- bzw. realschulreif erklärt wer-

[44] Ebenda, S. 33.
[45] Ebenda, S. 37.
[46] Ebenda, S. 58 ff.

den, sind dies von den Kindern der Schicht I, denen *dasselbe* bescheinigt wird, nur 35%. Bei »guten Umgangsformen« betragen die Zahlen 86 und 40%, bei »interessierbar« 92 und 52%.[47] Nicht primär deshalb, weil ein Schüler dieses oder jenes Verhalten zeigt – so lassen sich diese Befunde interpretieren –, wird er vom Lehrer für eine weiterführende Schule empfohlen, sondern weil er diese oder jene soziale Herkunft hat.

Die Bedeutung der Herkunft zeigt sich noch stärker, wenn man die Testergebnisse heranzieht. Tabelle 6[48] stellt die prozentualen Anteile an überdurchschnittlichen Testleistungen (=Gymnasialeignung), die Gymnasialeignung befürwortenden Lehrerurteilen (»kann bis zum Abitur kommen«) und tatsächlich erfolgten Meldungen für das Gymnasium einander gegenüber.

Tabelle 6: Überdurchschnittliche Testleistungen, Lehrerurteil »kann bis zum Abitur kommen« und Meldung für das Gymnasium, in Beziehung gesetzt zur sozialen Herkunft der Schüler (in %).

Sozialschicht	I	II	III	IV	V
Üdu. Leistung	15	20	27	20	40
Lehrerurteil	8	13	27	24	59
Meldung	5	12	33	29	71

Fast der Hälfte derjenigen Kinder aus Schicht I, welchen der Test die Gymnasialeignung zuspricht, wird sie also vom Lehrer abgesprochen; fast eineinhalbmal so viele aus Schicht V, wie nach dem Testergebnis geeignet wären, erklärt der Lehrer für geeignet. Damit aber nicht genug: Während die Eltern der Schicht V noch über die durch das Testergebnis nicht mehr gerechtfertigte Entscheidung des Lehrers hinausgehen und über 75% Kinder mehr für das Gymnasium melden, als sich durch ihre Testleistung dafür qualifiziert haben, bleiben die Eltern der Schicht I hinter der ihre Kinder bereits diskriminierenden Lehrerentscheidung um fast 40% zurück.

Hier macht sich deutlich bemerkbar, was wir im 4. Kapitel[49] als die ›Bildungsabstinenz der Arbeiter‹ kennengelernt haben. Auf der Basis eingeschränkter Vorstellungen von

[47] Ebenda, S. 65.
[48] Vgl. ebenda, S. 42.
[49] Vgl. oben S. 69 ff.

›Bildung‹[50], geringer Informiertheit über Bildungseinrichtungen sowie der Furcht vor zu hohen Kosten und vor Sanktionen durch ihre Bezugsgruppe scheuen Arbeiter, auch wenn sie den Vorsatz haben, ihr Kind ›etwas Besseres‹ werden zu lassen, und sogar – wie wir jetzt sehen – wenn das Kind den geforderten Qualifikationsnachweis erbringt, in vielen Fällen davor zurück, den entscheidenden Schritt zu tun und das Kind auf eine weiterführende Schule zu schicken. Diese ›Bildungsabstinenz‹ erfährt der Grundschullehrer vor allem in den Gesprächen, die er mit Arbeitereltern führt. Preuß hat ermittelt[51], daß die von ihm untersuchten Lehrer zwar mit einem relativ hohen Prozentsatz *aller* Eltern gesprochen haben – z. B. mit 82% der Eltern aus Schicht I und 95% der Eltern aus Schicht V –, daß diese Gespräche jedoch nur zu rund 50% auf Initiative von Arbeitereltern, aber zu 70% auf Initiative von Mittelschichteltern zustande kamen. Noch aufschlußreicher ist der Inhalt dieser Gespräche: Bei den Eltern der Schicht I ging es zu 45% um die schulischen Leistungen der Kinder und zu 30% um einen möglichen Übergang auf weiterführende Schulen, bei den Eltern der Schicht V dagegen nur zu 13% um Schulleistungen, aber zu 70% um weiterführenden Schulbesuch.
So ergibt sich die Situation, daß der Lehrer von Anfang an ziemlich präzisen Erwartungen der zukunftsorientierten Mittelschichteltern gegenübersteht: »Ein Angehöriger der oberen Mittelschicht wird der Volksschule kaum mehr als die Aufgabe zugestehen, sein Kind für die weiterführende Schule fit zu machen, auf die es ›selbstverständlich‹ gehört.«[52] Diesen Erwartungen zu entsprechen, wird dem Lehrer um so leichter fallen, als er selber meist der Mittelschicht entstammt und ihre ›Wertorientierungen‹ verinnerlicht hat. Auf fast ›natürliche‹ Weise kommt er so zu dem charakterisierten Konsensus mit den ›ordentlichen‹, fleißigen, strebsamen und sprachlich gewandten Mittelschichtkindern. Darüber hinaus aber wird dieser Konsensus auch massiv unterstützt durch die ausgeprägten Interessen und

[50] Die Schlüsse, welche Steinkamp aus seinen Befunden gezogen hat, könnten die Annahme nahelegen, daß die Arbeiter sich mit ihrer Reduktion von ›Bildung‹ auf bürgerliche Respektabilität realitätsgerecht verhielten, da ja die Urteile der Lehrer augenscheinlich durch Faktoren wie ›gutes Benehmen‹ und ›Charakterfestigkeit‹ stark beeinflußt würden. Die radikalere Interpretation von Preuß zeigt jedoch, daß das Verhalten der Arbeiter weitgehend illusionär ist: Offenbar lassen sich Lehrer durch mittelschichtsspezifische Verhaltensmerkmale an Unterschichtkindern nur in geringem Maß über deren Herkunft hinwegtäuschen.
[51] O. Preuß, a. a. O., S. 45 ff.
[52] Ebenda, S. 51.

Erwartungen, welche die Eltern dieser Kinder – die häufig auch im Elternbeirat tonangebend sind – auf die Schule richten. Ihre starke Anteilnahme an der Zukunft des Kindes erscheint dem Lehrer als eine Gewähr für den Erfolg in der weiterführenden Schule – wobei ihm wohl bewußt ist, daß diese Eltern außer Ehrgeiz und Geduld auch die finanziellen Mittel haben, um den schon fast obligatorischen Nachhilfeunterricht[53] in diesem oder jenem Fach zu ermöglichen. Preuß sagt über diese realistischen Aspekte des Lehrerverhaltens:

Ganz sicher geht in das Eignungsurteil des Lehrers die Erwägung ein, daß es unter den gegebenen Bedingungen noch lange nicht ausreicht, ein begabter Schüler zu sein, ja noch nicht einmal, auch die erforderlichen charakterlichen Eigenschaften, die doch sehr hoch eingeschätzt werden, vorweisen zu können, um die weiterführenden Bildungsinstitutionen mit Erfolg zu durchlaufen. Vielmehr ist wohl gerade ihm klar, daß es dabei der motivierenden Rückendeckung und hilfreichen Unterstützung durch das Elternhaus bedarf, womit aber gerade Unterschichtfamilien überfordert sind.[54]

Preuß fährt allerdings fort, diese im System begründeten Voraussetzungen des Lehrerverhaltens ermöglichten »immer auch eine Rationalisierung jener so stark schichtorientierten Entscheidungen«[55], wie wir sie kennengelernt haben. D. h,. der Lehrer kann die Erfahrungstatsache, daß das vom Elternhaus nicht mit Ermutigungen und Geldmitteln unterstützte Arbeiterkind *wirklich* leichter auf der Strecke bleibt, zum Anlaß nehmen, ›im Interesse des Kindes‹ ein negatives Eignungsurteil auszusprechen, welches aber eigentlich, wenn auch dem Lehrer kaum bewußt, auf dessen ›middleclass bias‹ zurückgeht. Preuß äußert in diesem Zusammenhang die Vermutung, daß das Gesellschaftsbild des Lehrers, wie es von Schwonke analysiert worden ist[56], auch *direkte* Auswirkungen auf sein »Ausleseverhalten« haben könnte: Aus seiner romantisierend-ständischen Vorstellung von der Gesellschaft könne er geneigt sein,

niedere soziale Herkunft von Kindern selbst schon als Bestätigung dafür (zu nehmen), daß die Auslese von Begabungen über wie auch immer geartete Mechanismen der ›Siebung‹ in der Gesellschaft stattgefunden habe und nicht mehr wesentlich korrigierbar sei ... Gleichzeitig jedoch ist es dem Angehörigen

[53] Vgl. oben S. 71.
[54] O. Preuß, a. a. O., S. 77.
[55] Ebenda, S. 78.
[56] Vgl. oben S. 100 ff.

der höheren sozialen Schichten, denen sich der Lehrer selber zurechnet, kaum zuzumuten, sozial abzusteigen ...
Hält man sich in diesem Zusammenhang noch einmal die deutliche Benachteiligung von Unterschichtkindern und die ebenso klare Privilegierung von Kindern der höheren sozialen Schichten vor Augen, so spricht manches für die Hypothese, daß der Lehrer oft nicht so sehr die *Eignung* der Kinder für weiterführende Schulen beurteilt, sondern eher über deren *›Berechtigung‹* zu sozialem Aufstieg anhand von Kriterien entscheidet, die durch sein skizziertes konservativ-statisches Gesellschaftsbild erschlossen werden könnten.[57]

In diesem Aspekt ähnelt das Gesellschaftsbild des Grundschullehrers auffallend dem des *Gymnasiallehrers.* Wie Gerwin Schefer, der diesem Thema mit Hilfe einer repräsentativen Befragung von fast 400 Studienräten nachgegangen ist[58], ermittelte, sind noch heute etwa zwei Drittel (unter den über 55jährigen gar 85%) der deutschen Gymnasiallehrer davon überzeugt, daß »Begabung ... überwiegend auf Erbanlage« beruht und daher nicht erworben werden kann.[59] Diese ›sozialdarwinistische‹ Einstellung, der zufolge Begabung keine gesellschaftliche, sondern eine Naturkategorie ist, läßt schulreformerische Ansätze, welche auf eine Korrektur der familialen Sozialisationsergebnisse abzielen, von vornherein nicht nur als nutzlos, sondern geradezu als schädlich für die ›wirklichen‹ Begabungen erscheinen, weshalb denn auch 70% der befragten Gymnasiallehrer der Feststellung zustimmen: »Die schulische Entwicklung läuft dahin, die Begabungsreserven der begabteren Schüler brachliegen zu lassen auf Kosten einer fragwürdigen Massenhalbbildung.«[60] Noch immerhin 40% pflichten dem Statement bei: »Die Gesellschaft gewinnt mehr, wenn sie ein einziges begabtes Kind entdeckt und ihm in seiner Entwicklung hilft, als wenn sie hundert schwache Schüler bis zur Grenze ihrer Erziehbarkeit fördert.«[61] Die hier zum Ausdruck kommende hochgradig *elitäre* Einstellung führt zu der Überzeugung, daß »die höhere Schule ... auf allen Stufen Ausleseschule sein (sollte), denn eine nivellierte höhere Schule kann die leistungsstarken Schüler nicht genügend fördern«[62] (79% Zustimmung). Mit der elitären Einstellung

[57] Ebenda, S. 78 f.
[58] G. Schefer, *Das Gesellschaftsbild des Gymnasiallehrers,* Suhrkamp, Frankfurt am Main 1969.
[59] Ebenda, S. 99.
[60] Ebenda, S. 94.
[61] Ebenda, S. 93.
[62] Ebenda, S. 83.

geht eine unverhüllt autoritäre einher: »Die weiche Welle an der Schule ist der Entwicklung eines starken Charakters hinderlich«[63] (57% Zustimmung, davon 42% der unter 35-jährigen.)

Das Gesellschaftsbild des Gymnasiallehrers, wie es nach den Befunden Schefers für 60 bis 70% der deutschen Studienräte verbindlich ist, wird bestimmt durch die Vorstellung von einer ›geistigen Elite‹:

> Die diesem Bild adäquate Gesellschaft ist streng hierarchisch gegliedert. In ihr werden die obersten Ränge von den Repräsentanten einer ›geistigen Elite‹ besetzt. Diese hätten für die Einhaltung der »geordneten Hierarchie« von Positionen unter Vermeidung von Konflikten zu sorgen. Das Ganze ist somit ein geordnetes, gut organisiertes System mit einer »anerkannten, institutionalisierten Rangordnung von Symbolen, Titeln und Positionen« (Dahrendorf). Eine solche statische Gesellschaft ist der ... deutschen vor dem Ersten Weltkrieg ähnlicher als unserer heutigen.[64]

Entscheidend ist nun, daß nach dem Willen der großen Mehrheit der Befragten auch das Schulsystem auf dieses statische Gesellschaftsbild ausgerichtet werden soll. Dabei ergibt sich eine bemerkenswerte Übereinstimmung zwischen der Ideologie der ›geistigen Elite‹ und den Interessen der Herrschenden in Wirtschaft und Politik. In der Theorie des noch heute einflußreichen verstorbenen Pädagogen Heinrich Weinstock sind die letzteren gar mit der ›geistigen Elite‹ identisch. »Die Maschine«, sagt Weinstock in charakteristischer Verschwommenheit, brauche »dreierlei Menschen«: die, welche sie erfinden; die, welche sie reparieren und verbessern, und die, welche sie bedienen. Hieraus ergebe sich: »Die richtige Ordnung der modernen Arbeitswelt gliedert sich ... in drei Hauptschichten: die große Masse der Ausführenden, die kleine Gruppe der Entwerfenden und dazwischen die Schicht, die unter den beiden anderen vermittelt.« Um nun die personelle Versorgung der so beschaffenen »Arbeitswelt« sicherzustellen, bedürfe es des traditionellen dreiteiligen Schulsystems: »Offenbar verlangt die Maschine eine dreigegliederte Schule: eine Bildungsstätte für die ausführenden, also zuverlässig antwortenden Arbeiter, ein Schulgebilde für die verantwortlichen Vermittler und endlich ein solches für die Frager, die sogenannten

[63] Ebenda, S. 88.
[64] Ebenda, S. 182.

theoretischen Begabungen.«[65] Ganz im Sinne Weinstocks stimmen denn auch fast 57% der befragten Gymnasiallehrer der These zu: »Die Dreigliedrigkeit unseres Schulwesens rechtfertigt sich auch von der Funktionsteilung (ausführende, vermittelnde, leitende Positionen) in der Arbeitswelt her.«[66]

Angesichts dieser Einstellung ist es nicht verwunderlich, daß sich der selektive Sozialisationsprozeß durch die Schule im Gymnasium fortsetzt. Den Anteil der Unterschichtschüler, die trotz ungünstiger Sozialisationsbedingungen in der Familie, benachteiligender Eignungstests, diskriminierenden Lehrerverhaltens und elterlicher ›Bildungsabstinenz‹ zum Gymnasium überwechseln, beziffert Rolff auf 25–40% der Gesamtschülerzahl in den Anfangsklassen.[67] In der 10. Klasse (Untersekunda) beträgt dieser Anteil (1965) noch 10%, in der 13. Klasse (Oberprima) nur noch 6,4%.[68]

Die Faktoren, welche, über die Einstellung des Gymnasiallehrers hinaus, diese selektive Wirkung ausüben, existieren prinzipiell auch schon in der Grundschule; sie sind jedoch jetzt stärker spürbar.[69] Der Gymnasialbesuch erfordert einmal eine stärkere *Zukunftsorientierung*. Der Gymnasiast muß Befriedigungen häufiger und länger aufschieben als der Grundschüler, muß auf viele Freizeitvergnügungen zugunsten der Schularbeiten verzichten. Die Gymnasialzeit dauert eine Reihe von Jahren länger als die Schulpflicht; während dieser Zeit muß gerade das Arbeiterkind beobachten, wie sich seine schon berufstätigen Freunde durch häufige Kino- und Partybesuche, den Kauf eines Autos, modische Kleidung u. a. ständig kurzfristige Befriedigungen verschaffen. Gerade der Verzicht auf den Erwerb eines Autos, das für Arbeiter eine so eminente psychologische Bedeutung zur Kaschierung ihres sozioökonomischen Status hat[70], ist für Unterschichtschüler wie -eltern ein schweres Opfer. Kommt es daher bei dem Schüler auch nur zu geringfügigen schulischen Schwierigkeiten, so werden zunächst die Eltern schnell ihren ›Bildungsmut‹ bereuen; Kind und Eltern zusammen aber werden des ständigen Verzichts wegen, den sie leisten mußten, in gewissem Sinn sogar erleichtert und

[65] H. Weinstock, *Realer Humanismus*, Quelle & Meyer, Heidelberg 1955, S. 121 ff.; zitiert nach: G. Schefer, a. a. O., S. 125.
[66] Ebenda.
[67] H.-G. Rolff, a. a. O., S. 100.
[68] ›Schüler im 10. und 13. Schuljahrgang der Gymnasien nach Stellung im Beruf und Beruf des Vaters‹, in: *Wirtschaft und Statistik* 1967, S. 606.
[69] Vgl. zum Folgenden H.-G. Rolff, a. a. O., S. 100 f.
[70] Vgl. oben S. 72.

darüber einig sein, daß es für das Kind besser ist, die Schule zu verlassen. Dieser Entschluß wird oft mit der (sachlich unzutreffenden) Rationalisierung abgesichert, ein tüchtiger Facharbeiter verdiene schließlich genauso viel wie ein ›Studierter‹.

Ein zweiter wichtiger Faktor, der über Erfolg oder Mißerfolg am Gymnasium entscheidet, sind die *sprachlichen Fähigkeiten*. Bereits in der Mathematik machen sich, je abstrakter sie wird, je mehr sie den Gebrauch formaler Symbole verlangt und je komplexer die in Formeln auszudrükkenden Verallgemeinerungen werden, die kognitiven Hemmungen des restringierten Sprachgebrauchs bemerkbar. Das gilt in noch ungleich stärkerem Maß für die Fremdsprachen. Rolff[71] berichtet von einer Untersuchung aus Nord-Württemberg, der zufolge die meisten Kinder, welche das Klassenziel der Quarta nicht erreichen, in der die zweite Fremdsprache einsetzt, deshalb sitzenbleiben, weil sie mangelhafte Leistungen in dieser zweiten Fremdsprache (83,9%) und/oder in der ersten Fremdsprache (59,3%; Doppelzählungen inbegriffen) und/oder in Mathematik aufweisen. Nach derselben Untersuchung versagt mehr als die Hälfte aller Sitzenbleiber am Gymnasium in den ersten drei Jahren; von diesen verlassen 51% der Jungen und 65% der Mädchen nach dem Sitzenbleiben die Schule sofort, hauptsächlich Unterschichtkinder: Nach Peter-Martin Roeder[72] geht von den Sitzenbleibern aus der Unterschicht fast die Hälfte sofort ab, während von denjenigen aus der oberen Mittelschicht dreimal so viele das Schuljahr wiederholen als abgehen.

Nach der Abgangswelle in den ersten drei Jahren nehmen die Quoten der Schulversager ab. Der nächste Termin ist dann die Mittlere Reife; jetzt, »wenn Startpositionen für mittlere Laufbahnen gesichert sind, geht ... erneut ein beträchtlicher Teil der sowieso schon raren Gymnasiasten aus der Unterschicht ab; für sie erfüllt das Gymnasium sozusagen die Funktion einer Realschule«.[73] Besonders die Zahl der Mädchen, die das Gymnasium mit Mittlerer Reife verlassen, ist groß. Die weniger als 10% Unterschichtkinder, welche über die 10. Klasse hinaus am Gymnasium bleiben, sind diejenigen, »die den kontinuierlichen Ausleseprozeß im Gymnasium mit seiner ›bürgerlichen Schulkultur‹ überstan-

[71] H.-G. Rolff, a. a. O., S. 101.
[72] P.-M. Roeder, ›Sprache, Sozialstatus und Bildungschancen‹, in: P.-M. Roeder, A. Pasdzierny und W. Wolf, *Sozialstatus und Schulerfolg*, Quelle & Meyer, Heidelberg 1965, S. 10.
[73] H.-G. Rolff, a. a. O., S. 103.

den und sich als kooptationsfähig erwiesen haben ... Wenn sich die Abiturienten, die einen Vater haben, der Industrie- oder Landarbeiter ist, zur feierlichen Schulentlassung einfinden, so ist es nicht unwahrscheinlich, daß sich einige dieser ›Überaspiranten‹ zu Überanpassern entwickelt haben.«[74]

Das westdeutsche Schulsystem, von dem wir in diesem Kapitel nur wenige, wenngleich zentrale Aspekte betrachten konnten, »ist ein bürgerliches mit bürgerlichen Traditionen«.[75] Kinder aus Mittelschichtfamilien werden durch dieses System, welches weitgehend auf ihren durch Zukunftsorientierung, Selbstkontrolle und verinnerlichtes Leistungsstreben ausgezeichneten ›Sozialcharakter‹ zugeschnitten ist und den ihnen vertrauten elaborierten Sprachstil pflegt, notwendigerweise stärker gefördert als Unterschichtkinder, die eine solche Förderung am ehesten nötig hätten. Statt jedoch das Sozialisationsdefizit dieser Kinder auszugleichen, verstärkt die Schule es in vielfacher Weise. Mindestens *sieben* Formen von Benachteiligung lassen sich beobachten: 1. Schulreife und Intelligenztests bewerten die Beherrschung des elaborierten Sprachstils besonders hoch. 2. Der Lehrer, welcher meist der Mittelschicht entstammt, bedient sich dieses Stils und stellt damit ein exklusives Einverständnis mit den Mittelschichtkindern her. 3. Dieses Einverständnis bezieht sich bald auch auf Charaktereigenschaften wie Leistungsstreben, Gewissenhaftigkeit, ›gute‹ Umgangsformen, über welche Unterschichtkinder von ihrer Herkunft her nur in geringem Maß verfügen. 4. Aber selbst wenn sie diese Eigenschaften aufweisen, werden sie ihrer Herkunft wegen diskriminierend behandelt. 5. Das Eignungsurteil des Lehrers im Hinblick auf den Besuch weiterführender Schulen orientiert sich stärker an der sozialen Herkunft und an mittelschichtspezifischen Charaktereigenschaften als an der Leistung in Grundschule und Leistungstests. 6. Diese Tests benachteiligen wie die unter 1. genannten Kinder aus der Unterschicht. 7. Ein großer Teil der trotz Benachteiligung erfolgreichen Unterschichtkinder wird von ›bildungsabstinenten‹ Eltern nicht zum Besuch weiterführender Schulen angemeldet.[76]

[74] Ebenda, S. 104.
[75] W. Edelstein, ›Chancengleichheit ohne Schulreform?‹, in: *Neue Sammlung* 6, 1966, S. 629.
[76] Um wenigstens die aus dem ›middle-class bias‹ des Lehrers, diskriminierenden Testbedingungen und der ›Bildungsabstinenz‹ der Eltern resultierenden Benachteili-

»Die Schule in der Klassengesellschaft«, schreibt Helmut Schelsky, »war als Spiegelbild der Klassenschichtung von der Funktion, den sozialen Status zu bestimmen oder zu verändern, relativ frei, weil sie ihn voraussetzen konnte und ihn im Durchschnitt nur bestätigte.«[77] Nach den in diesem Kapitel mitgeteilten Fakten drängt sich der Verdacht auf, daß Schelsky sich in der Zeitform irrt: Was er als vergangen beschreibt, ist aktuelle Gegenwart.

gungen auszugleichen, werden seit einigen Jahren in Hessen, Hamburg und Niedersachsen, neuerdings auch in Schleswig-Holstein, Versuche mit der sogenannten Förder- oder Orientierungsstufe gemacht: Kinder, die nach dem vierten Schuljahr nicht sogleich auf eine weiterführende Schule gehen, sollen zwei Jahre lang von speziell ausgebildeten Lehrern auf ihre individuellen Fähigkeiten und Interessen beobachtet werden. In Hessen ist darüber hinaus die Einführung der *obligatorischen* Förderstufe vorgesehen, die dann von allen Kindern des fünften und sechsten Schuljahres besucht werden muß.

77 H. Schelsky, ›Soziologische Bemerkungen zur Rolle der Schule in unserer Gesellschaftsverfassung‹, in: *Schule und Erziehung in der industriellen Gesellschaft,* Würzburg [6]1967, S. 14; zitiert nach: H. Abels (Hrsg.), *Sozialisation in der Schule,* Audax, Kettwig 1971, S. 21.

Einige Folgerungen

Der Titel *Einübung in die Klassengesellschaft* provoziert die Frage danach, wer denn in diese Gesellschaft – deren Klassencharakter man vielleicht sogar zuzugeben bereit ist – ›einübe‹. Gibt es, wie in totalitären Systemen, bei uns etwa besondere Institutionen, die einem solchen Zweck dienen: Staatsjugendorganisationen oder ein gleichgeschaltetes Erziehungswesen, das die nachwachsende Generation von frühester Kindheit an erfaßt? Sicher nicht. Im Gegenteil werden Pflege und Erziehung der Kinder als das »natürliche Recht der Eltern« von der Verfassung ausdrücklich anerkannt. Jeder ist *frei,* seine Kinder, sofern er sie nicht körperlich oder seelisch verwahrlosen läßt, nach seinem Gutdünken aufzuziehen und die ihm geeignet erscheinenden Ausbildungsstätten besuchen zu lassen. Diese Freiheit wird als Vorzug des demokratischen Rechtsstaates der in totalitären Staaten üblichen ›Politisierung‹ der Erziehung mit besonderer Emphase entgegengehalten. Wer also übt ein in die Klassengesellschaft?

Die Frage läßt sich in dieser Form, welche an eine bewußte und systematisch betriebene Unterweisung, Indoktrination, ›Einschleifung‹ denken läßt, nicht beantworten. Kaum jemand betreibt die Erziehung seiner Kinder ausdrücklich als Einübung in die Normen und Traditionen des bestehenden sozialen Systems – und doch wurden bisher noch immer genug Menschen »an die repressive, immanent widersprüchliche spätkapitalistische Gesellschaft so angepaßt, daß sie entgegen ihrer objektiven Interessenlage dieses Gesellschaftssystem erhalten«[1] haben. Wie war und ist dergleichen möglich? Offenbar wohnt dem sozialen System eine eigengesetzliche Dynamik inne, die sich jenseits der bewußten Intention des einzelnen und gegen sie Geltung verschafft. Wenn diese Annahme keine gesellschaftsmetaphysische Spekulation bleiben soll, muß man jedoch den Ort angeben, an dem sich eine solche bewußtlose Überwältigung durch das System vollzieht. Dieser Ort ist der Arbeitsplatz. Der Begriff der Klassengesellschaft, wie wir ihn im 1. Kapitel zu

[1] A. Pressel, Sozialisation, in: J. Beck, M. Clemenz, F. Heinisch, E. Jouhy, W. Markert, H. Müller und A. Pressel, *Erziehung in der Klassengesellschaft,* List, München 1970, S. 130.

konkretisieren versucht haben, besagt, daß eine Mehrheit von besitzlosen Lohnabhängigen, um leben zu können, ihre körperliche Arbeitskraft an eine Minderheit von Produktionsmittelbesitzern bzw. deren Agenten, die Manager, verkauft. Die letzteren legen die Bedingungen fest, unter denen die ersteren arbeiten: den Einsatz der geldlichen, technischen und menschlichen Produktionsmittel, den Ablauf des Produktionsvorgangs, das Ausmaß der Produktivität. Dazu bedienen sie sich einer ebenfalls auf den Verkauf ihrer Arbeitskraft angewiesenen Gruppe: der Angestellten, für deren Tätigkeit »der Einkauf, die Materialbereitstellung und technische Arbeitsvorbereitung *vor* dem eigentlichen Fertigungsprozeß, die Leitung, Aufsicht und technische Überwachung *neben* ihm sowie der Absatz und die verwertungsmäßige Erfassung, Kontrolle und Abrechnung *hinter* ihm ... charakteristisch«[2] sind. Arbeiter und Angestellte sind, obwohl sie beide unter Bedingungen der Abhängigkeit arbeiten, an ganz verschiedener Stelle innerhalb des Gesamtproduktionsprozesses tätig: Die einen führen lediglich bis ins Detail vorgeplante Arbeitsschritte aus; die anderen sind an Planung und Verwertung des Arbeitsprodukts mehr oder weniger beteiligt. Dies verleitet sie zu einer weitgehenden subjektiven Identifikation mit den Herrschenden, deren Geschäfte sie besorgen, und verhindert sowohl die Einsicht in ihre objektive Lage wie ihre Solidarisierung mit den Arbeitern. Gleichwohl führt der Umstand, daß beide Gruppen vom Verkauf ihrer Arbeitskraft leben, die Arbeit also eine wahrhaft ›existentielle‹ Bedeutung für sie hat, dazu, daß die Arbeitsplatzsituation ihr *gesamtes* Verhalten, also auch ihr Sozialverhalten außerhalb des Betriebes, in besonders hohem Grade prägt. Die Arbeit erhält selbst eine sozialisierende Funktion. D. h. aber, daß der ›Sozialisationsagent‹ seinerseits beständig einer überaus wirksamen Form von Sozialisation unterliegt. *Er* ist es recht eigentlich, der in die Klassengesellschaft eingeübt wird – auf eine Art und Weise freilich, die er als quasi-natürlichen ›Sachzwang‹ erlebt und nur selten als von Menschen ersonnene Disziplinierungsmethode im Dienst der Profitmaximierung durchschaut. Verhaltensweisen, die am Arbeitsplatz, also letztlich für den Arbeitgeber, wertvoll sind, konstituieren – wir betonten es mehrfach – das persönliche, private ›Wert‹-Sy-

[2] H. Steiner, *Soziale Strukturveränderungen im modernen Kapitalismus*, Berlin 1967, S. 160; zitiert nach: M. Tjaden-Steinhauer und K. H. Tjaden, ›Zur Analyse der Sozialstruktur des deutschen Kapitalismus‹, in: *Das Argument* 61, 1970, S. 648 f.

stem des Individuums, an welchem sich die Sozialisation seiner Kinder orientiert. Eben dies aber wird am wenigsten bewußt: Die Freiheit, ihre Kinder nach eigenem Gutdünken aufzuziehen, die das Gesetz ihnen einräumt, meint die große Masse der Lohnabhängigen tatsächlich zu besitzen. Die Tatsache jedoch, daß Arbeiter im Durchschnitt stets wieder Kinder mit typischen Unterschichtqualitäten und Angestellte stets wieder Kinder mit typischen Mittelschichtqualitäten aufziehen, wodurch die Selbstrekrutierung der Schichten und damit der Bestand der Klassengesellschaft gewährleistet wird, beweist, daß sie das wirkliche Ausmaß dieser Freiheit weit überschätzen.
Obwohl von einer bewußten Einübung in die Klassengesellschaft keine Rede sein kann, bringt die Gewalt, die diese Gesellschaft über ihre an den Produktionsapparat geketteten Mitglieder hat, es mit sich, daß sie ihre Kinder so sozialisieren, *als ob* sie deren bewußte Einübung in das bestehende System betrieben. Die Zwangsorganisationen, von denen eingangs gesprochen wurde, sind also gar nicht nötig, um das gesteckte Ziel: die optimale Stabilisierung des Systems zu erreichen. Gerade deshalb aber, weil der Zwang nicht als solcher erlebt wird, weil er längst verinnerlicht worden ist, erscheint es so schwierig, den in diesem Buch beschriebenen Zirkel zu durchbrechen.
Wohl könnte dort, wo der zirkuläre Verlauf schichtspezifischer Sozialisationsprozesse bisher noch stets bestätigt und verstärkt wurde: in der *Schule* einiges getan werden. So könnte eine an sozialwissenschaftlichen Einsichten orientierte Ausbildung der Lehrer, welche diese in die Lage versetzte, ihre eigene Schichtgebundenheit zu reflektieren, bewirken, daß sie auf Sprache, Verhalten und Herkunft der Arbeiterkinder nicht mehr mit Abwehr und Diskriminierung reagieren. Gelänge es auf solche Weise, die Intelligenz dieser Kinder einigermaßen vorurteilsfrei in den Blick zu bekommen, so müßten darüber hinaus, um sie auch möglichst objektiv zu erfassen, zugleich die traditionellen Testverfahren revidiert werden. D. h., es müßten schichtneutrale Tests entwickelt werden, die nicht nur spezifische Mittelschichtfähigkeiten wie elaborierten Sprachstil, Leistungsstreben, Ausdauer, Selbständigkeit honorierten, sondern auch Spontaneität, Kreativität, Vermögen zu originellen Problemlösungen u. a. – Fähigkeiten, die sich zunehmend als unabdingbar für eine humanere Gestaltung unserer Gesellschaft erweisen. Wichtig wäre überdies eine in möglichst

frühem Alter einsetzende Spracherziehung, die sich nicht so sehr als ›kompensatorisch‹ denn als *komplementär* verstünde, d. h., die nicht darauf abzielte, einen ›Mangel‹, die Beschränktheit auf den restringierten Stil, ›abzustellen‹ und damit das Kind seiner an seine Herkunftssprache gebundenen affektiven und kognitiven Sicherheit zu berauben, sondern darauf, den restringierten Sprachgebrauch durch den elaborierten zu ergänzen, damit es alternativ über beide verfügen könnte.

Durch Mobilisierung des Bildungsinteresses der Eltern und durch großzügig finanzierte Schulreformen, welche die bisherige Isolation der Schulzweige gegeneinander aufheben und mit der Aufnahme traditionell ausgeklammerter Unterrichtsgegenstände *allen* Jugendlichen ein differenziertes Bildungsangebot machen könnten, gelänge es wahrscheinlich, die ›soziale Distanz‹ der Unterschichteltern zu den Bildungseinrichtungen zu verringern.

Alle diese Maßnahmen könnten Verlauf und Resultat der schulischen Sozialisation verändern und dazu dienen, den Arbeiterkindern jene soziale Gerechtigkeit widerfahren zu lassen, die ihnen bis heute durch die Organisation des Schulsystems vorenthalten wird. Man muß jedoch im Hinblick auf dieses gutgemeinte liberale Programm fragen, ob durch Initiativen, die allein die Schule betreffen, *jene* ›soziale Distanz‹ reduziert werden kann, die die Arbeiter tagtäglich am Arbeitsplatz erleben und größtenteils verinnerlicht haben. Der ständigen Erfahrung und schließlichen Überzeugung, daß der einzelne nichts ist, nichts zu sagen hat und nichts werden kann, ist auch durch Veränderung des Schulsystems allein nicht beizukommen.

Wichtiger und wirksamer als Maßnahmen zur Veränderung der Bedingungen der ›sekundären‹ Sozialisation – deren Bedeutung nicht geringgeschätzt werden soll – wären Maßnahmen, die auf eine Veränderung in den Bedingungen der ›primären‹ Sozialisation abzielten. Diese Bedingungen liegen in der Sozialstruktur selbst. Daß *ihre* Veränderung in der Tat zu anderen ›Wertorientierungen‹ und als deren Folge zu anderen Erziehungspraktiken und Persönlichkeitsstrukturen der Kinder führen kann, haben z. B. die Forschungen von Inkeles[3] und Kohn[4] gezeigt. Forschungen wie diese legen den Schluß nahe, daß erst dann der zirkuläre Verlauf schichtspezifischer Sozialisationsprozesse gesprengt

[3] Vgl. oben S. 74.
[4] Vgl. oben S. 75 ff.

werden kann, wenn alle Lohnabhängigen ihre gemeinsame Klassenlage erkennen und solidarisch die demokratische Organisation von Produktion und Verwaltung erzwingen, d. h., wenn sie »über Ziele und Gewinn (dieser) Einrichtungen, über Arbeitsteilung, Arbeitszeit, Rationalisierung usw.«[5] selbst bestimmen.

Für alle, die den Verfassungsgrundsatz, jeder habe das Recht auf freie Entfaltung seiner Persönlichkeit, ernst nehmen, ist die Forderung nach Aufhebung der bestehenden Klassengesellschaft keine sozialromantische Verstiegenheit (wie die von der Klassenstruktur Profitierenden meinen), sondern eine schlichte Konsequenz aus erfahrungswissenschaftlichen Forschungsresultaten.

[5] A. Pressel, a. a. O., S. 147.

Literaturverzeichnis

Abels, H. (Hrsg.) *Sozialisation in der Schule,* Audax, Kettwig 1971.

Aberle, D. F., und Naegele, K. D. ›Middle class fathers' occupational role and attitudes toward children‹, in: Ph. Olson (Hrsg.), *America as a Mass Society,* The Free Press, Glencoe, Ill. 1953.

Adam, H. ›Nachhilfeunterricht als pädagogischer und soziologischer Index‹, in: *Die Sammlung* 15, 1960.

Adorno, Th. W. *Aspekte der Hegelschen Philosophie,* Suhrkamp, Frankfurt am Main 1957.

Adorno, Th. W., und Jaerisch, U. ›Anmerkungen zum sozialen Konflikt heute‹, in: H. Maus (Hrsg.), *Gesellschaft, Recht und Politik,* Luchterhand, Neuwied und Berlin 1968.

Bahrdt, H. P. *Industriebürokratie,* Enke, Stuttgart 1958.

Bernstein, B. *Soziale Struktur, Sozialisation und Sprachverhalten,* de Munter, Amsterdam 1970.

Bottomore, T. B. *Die sozialen Klassen in der modernen Gesellschaft,* Nymphenburger Verlagshandlung, München 1967.

Brenner, Ch. *Grundzüge der Psychoanalyse,* S. Fischer, Frankfurt am Main 1967.

Bronfenbrenner, U. ›Socialization and social class through time and space‹, in: E. E. Maccoby, Th. M. Newcomb und E. L. Hartley (Hrsg.), *Readings in Social Psychology,* Holt, New York [3]1958.

Child, J. L. ›Socialization‹, in: G. Lindzey (Hrsg.), *Handbook of Social Psychology,* Bd. II, Addison-Wesley, Reading, Mass. 1954.

Cordt, W., und Walter, K. ›Ein Duisburger Beitrag zur Untersuchung von Lernanfängern‹, in: *Pädagogische Rundschau* 17, 1963.

Dahrendorf, R. *Gesellschaft und Freiheit,* Piper, München 1961.

Gesellschaft und Demokratie in Deutschland, Piper, München 1965.

Deppe, F. *Das Bewußtsein der Arbeiter,* Pahl-Rugenstein, Köln 1971.

Devereux, E., Bronfenbrenner, U. und Suci, G. J. ›Zum Verhalten der Eltern in den Vereinigten Staaten und in der Bundesrepublik‹, in: L. v. Friedeburg (Hrsg.), *Jugend in der modernen Gesellschaft,* Kiepenheuer & Witsch, Köln 1965.

Douvan, E. ›Social status and success strivings‹, in: *Journal of Abnormal and Social Psychology* 52, 1956.

Durkheim, E. *Education et sociologie,* Alcan, Paris 1923.

Edelstein, W. ›Chancengleichheit ohne Schulreform?‹, in: *Neue Sammlung* 6, 1966.

Ehlich, K., Hohnhäuser, J., Müller, F. und Wiehle, D. ›Spätkapitalismus – Soziolinguistik – Kompensatorische Spracherziehung‹, in: *Kursbuch* 24, 1971.

Erikson, E. H. *Identität und Lebenszyklus,* Suhrkamp, Frankfurt am Main 1966.

Fend, H. *Sozialisierung und Erziehung,* Beltz, Weinheim, Berlin und Basel ³1970.

Föhl, C. *Kreislaufanalytische Untersuchungen der Vermögensbildung in der Bundesrepublik und der Beeinflußbarkeit ihrer Verteilung,* Mohr, Tübingen 1964.

Freud, S. ›Die Zerlegung der psychischen Persönlichkeit‹, in: *Gesammelte Werke,* Bd. XV, S. Fischer, Frankfurt am Main ³1961.

Gehlen, A. ›Die Sozialstruktur primitiver Gesellschaften‹, in: A. Gehlen und H. Schelsky (Hrsg.), *Soziologie,* Diederichs, Düsseldorf und Köln ⁶1966.

Gottschalch, W., Neumann-Schönwetter, M. und Soukup, G. *Sozialisationsforschung,* Fischer Taschenbuch 6503, Frankfurt am Main 1971.

Grauer, G. ›Leitbilder und Erziehungspraktiken‹; ›Die Entwicklung des Leistungsstrebens‹, beide in: b:e-Redaktion (Hrsg.), *Familienerziehung, Sozialschicht und Schulerfolg,* Beltz, Weinheim, Berlin und Basel 1971.

Grimm, S. *Die Bildungsabstinenz der Arbeiter,* Barth, München 1966.

Habermas, J. *Thesen zur Theorie der Sozialisation,* vervielf. Manuskript, Frankfurt am Main 1969.

Hahn, E. *Soziale Wirklichkeit und soziologische Erkenntnis,* Deutscher Verlag der Wissenschaften, Berlin 1965.

Heckhausen, H. ›Leistungsmotivation‹, in: H. Thomae (Hrsg.), *Handbuch der Psychologie,* 2. Bd., Verlag für Psychologie, Göttingen 1965.

Höhn, E. *Der schlechte Schüler,* Piper, München 1967.

Huffschmid, J. *Die Politik des Kapitals,* edition suhrkamp 313, Frankfurt am Main ⁶1971.

Ingenkamp, K. ›Möglichkeiten und Grenzen des Lehrerurteils und der Schultests‹, in: H. Roth (Hrsg.), *Begabung und Lernen,* Klett, Stuttgart ²1969.

Inkeles, A. ›Social change and social character: the role of parental mediation‹, in: *Journal of Social Issues* 11, 1955.

Jaeggi, U. *Macht und Herrschaft in der Bundesrepublik,* Fischer Bücherei 1014, Frankfurt am Main und Hamburg 1969.

Jung, H. ›Zur Diskussion um den Inhalt des Begriffs »Arbeiterklasse« und zu Strukturveränderungen in der westdeutschen Arbeiterklasse‹, in: *Das Argument* 61 (1970).

Kern, H., und Schumann, M. *Industriearbeit und Arbeiterbewußtsein,* Europäische Verlagsanstalt, Frankfurt am Main 1970.

Klafki, W., u. a. *Erziehungswissenschaft* (Funkkolleg), Bd. 1, Fischer Bücherei 6106, Frankfurt am Main und Hamburg 1970.

Kohn, M. L. ›Social class and parental values‹, in: *American Journal of Sociology* 64, 1959.

›Social class and parent-child relationship: an interpretation‹, in: *American Journal of Sociology* 68, 1963.

Krelle, W., Schunck, J., und Siebke, J. *Überbetriebliche Ertragsbeteiligung der Arbeitnehmer. Mit einer Untersuchung über die Vermögensstruktur der Bundesrepublik Deutschland,* Mohr, Tübingen 1968.

Marx, K. *Die Frühschriften,* Kröner, Stuttgart 1953.

Das Kapital, Bd. I, Dietz, Berlin [9]1960.

Mead, M. *Mann und Weib,* rde 69/70, Reinbek 1958.

Geschlecht und Temperament in drei primitiven Gesellschaften, dtv 4034, München 1970.

Meis, R. ›Deutsche Schulreifetests. Vergleiche und neue Forschungsergebnisse‹, in: K. Ingenkamp und Th. Marsolek (Hrsg.), *Möglichkeiten und Grenzen der Testanwendung in der Schule,* Beltz, Weinheim, Berlin und Basel 1968.

Mollenhauer, K. ›Sozialisation und Schulerfolg‹, in: H. Roth (Hrsg.), *Begabung und Lernen,* Klett, Stuttgart [2]1969.

Negt, O. *Soziologische Phantasie und exemplarisches Lernen,* Europäische Verlagsanstalt, Frankfurt am Main 1968.

Oevermann, U. ›Soziale Schichtung und Begabung‹, in: *Zeitschrift für Pädagogik,* 6. Beiheft, 1966.

›Schichtenspezifische Formen des Sprachverhaltens und ihr Einfluß auf die kognitiven Prozesse‹, in: H. Roth (Hrsg.), *Begabung und Lernen,* Klett, Stuttgart [2]1969.

Ossowski, St. *Klassenstruktur im sozialen Bewußtsein,* Luchterhand, Neuwied und Berlin 1962.

Pearlin, L. I., und Kohn, M. L. ›Social class, occupation and parental values. A cross-national study‹, in: *American Sociological Review* 31, 1966.

Popitz, H. ›Die Ungleichheit der Chancen im Zugang zur höheren Schulbildung‹, in: L. v. Friedeburg, *Jugend in der modernen Gesellschaft,* Kiepenheuer & Witsch, Köln 1965.

Popitz, H. Bahrdt, H. P., Jüres, E. A., und Kesting, H. — *Das Gesellschaftsbild des Arbeiters,* Mohr, Tübingen ³1967.

Portmann, A. — *Biologische Fragmente zu einer Lehre vom Menschen,* Schwabe, Basel und Stuttgart ³1969.

Pressel, A. — ›Sozialisation‹, in: J. Beck, M. Clemenz, F. Heinisch, E. Jouhy, W. Markert, H. Müller und A. Pressel, *Erziehung in der Klassengesellschaft,* List, München 1970.

Preuß, O. — *Soziale Herkunft und die Ungleichheit der Bildungschancen,* Beltz, Weinheim, Berlin und Basel 1970.

Pross, H. — *Manager und Aktionäre in Deutschland,* Europäische Verlagsanstalt, Frankfurt am Main 1965.

Rapp, D. W. — ›Child rearing attitudes of mothers in Germany and in the United States‹, in: *Child Development* 32, 1961.

Recum, H. v. — ›Soziale Strukturwandlungen des Volksschullehrerberufs‹, in: *Kölner Zeitschrift für Soziologie und Sozialpsychologie* 7, 1955.

Roeder, P.-M. — ›Sprache, Sozialstatus und Bildungschancen‹, in: P.-M. Roeder, A. Pasdzierny und W. Wolf, *Sozialstatus und Schulerfolg,* Quelle & Meyer, Heidelberg 1965.

›Sprache, Sozialstatus und Schulerfolg‹, in: b:e-Redaktion (Hrsg.), *Familienerziehung, Sozialschicht und Schulerfolg,* Beltz, Weinheim, Berlin und Basel 1971.

Rolff, H.-G. — *Sozialisation und Auslese durch die Schule,* Quelle & Meyer, Heidelberg ²1969.

Rosen, B. C. — ›The achievement syndrome‹, in: *American Sociological Review* 21, 1956.

Rosen, B. C., und D'Andrade, R. — ›The psychosocial origins of achievement motivation‹, in: *Sociometry* 22, 1959.

Schefer, G. — *Das Gesellschaftsbild des Gymnasiallehrers,* Suhrkamp, Frankfurt am Main 1969.

Schelsky, H. — *Wandlungen der deutschen Familie in der Gegenwart,* Enke, Stuttgart 1953.

Die skeptische Generation, Diederichs, Düsseldorf und Köln ³1958.

Auf der Suche nach Wirklichkeit, Diederichs, Düsseldorf und Köln 1965.

Schneider, L., und Lysgaard, S. — ›The deferred gratification pattern‹, in: *American Sociological Review* 18, 1953.

›Schüler im 10. und 13. Schuljahrgang der Gymnasien nach Stellung im Beruf des Vaters‹, in: *Wirtschaft und Statistik* 1967.

Schwonke, M. — ›Das Gesellschaftsbild des Lehrers‹, in: *Die Deutsche Schule* 58, 1966.

Sozialisation und kompensatorische Erziehung, vervielf. Manuskript, Berlin 1969.

Spitz, R. A. — *Vom Säugling zum Kleinkind,* Klett, Stuttgart 1967.

Steinkamp, G. — ›Die Rolle des Volksschullehrers im schulischen Selektionsprozeß‹, in: *Hamburger Jahrbuch für Wirtschafts- und Gesellschaftspolitik* 12, 1967.

›Lehrer voller Vorurteile?‹, in: *Die Deutsche Schule* 60, 1968.

Studentisches Seminar ›Soziolinguistik‹ — *Sprachbarrieren,* Spartakus, Hamburg [3]1970.

Thomas, K. — *Die betriebliche Situation der Arbeiter,* Enke, Stuttgart 1964.

Tjaden-Steinhauer, M., und Tjaden, K. H — ›Zur Analyse der Sozialstruktur des deutschen Kapitalismus‹, in: *Das Argument* 61 (1970).

Uexküll, J. v., und Kriszat, G. — *Streifzüge durch die Umwelten von Tieren und Menschen – Bedeutungslehre,* S. Fischer, Frankfurt am Main 1970.

Wechsler, D. — Die Messung der Intelligenz Erwachsener, Huber, Bern und Stuttgart 1956.

Winterbottom, M. — ›The relation of need for achievement to learning experiences in independence and mastery‹, in: J. W. Atkonson (Hrsg.), *Motives in Fantasy, Action, and Society,* van Nostrand, Princeton, N. J. 1958.

Zulliger, H. — *Umgang mit dem kindlichen Gewissen,* Fischer Bücherei 1069, Frankfurt am Main und Hamburg 1969.

Danksagung

Das Manuskript dieses Buches ist von Irmgard Huch-Lüter und Alfred Pressel gelesen worden; beide haben eine Fülle sachkundiger Kritik angemeldet, die in die endgültige Fassung eingegangen ist. Dafür habe ich zu danken.

KJH

Reihe Fischer

1 Daniil Charms: *Fälle*. Prosa, Szenen, Dialoge. Aus dem Russischen, mit einem Nachwort von Peter Urban.

2 Sven Holm: *Termush, Atlantikküste*. Roman. Aus dem Dänischen von Hanns Grössel.

3 Hermann Jandl: *Leute Leute*. Lyrik.

4 Ivan Sviták: *Hajaja-Philosoph*. Parabeln. Aus dem Tschechischen von Paul Kruntorad.

5 Jürgen Alberts: *Aufstand des Eingemachten*. Prosa.

6 *Beethoven '70*. Aufsätze. Mit Beiträgen von Adorno, Kagel, Metzger, Schnebel, Pauli, Wildberger.

7 Max Horkheimer: *Vernunft und Selbsterhaltung*. Essay.

8 Dieter Schlesak: *Visa. Ost-West-Lektionen*. Essays.

9 Burt Blechman: *Achtung 901*. Prosa. Aus dem Amerikanischen von Traut Felgentreff.

10 Karl-Hermann Flach: *Noch eine Chance für die Liberalen*. Oder: Die Zukunft der Freiheit. Eine Streitschrift.

11 Peter Henisch: *Hamlet bleibt*. Prosa. Ein Zyklus.

12 Ireneusz Iredynski: *Versteckt in der Sonne*. Roman. Aus dem Polnischen von Janusz von Pilecki.

13 Lutz Lehmann: *Klagen über Lehrer F.* und andere Schul-Beispiele von autoritärer Tradition.

14 Eugen Mahler: *Psychische Konflikte und Hochschulstruktur*. Gruppenprotokolle.

15 Hermann Jandl: *Vom frommen Ende*. Prosa.

16 Hansjörg Pauli: *Für wen komponieren Sie eigentlich?* Interviews mit Ferrari, Henze, Kagel, Nono, Schnebel, Wildberger.

17 Charlotte Rothweiler: *Ein sozialer Rechtsstaat?*

18 Alfred Schmidt: *Bester jagt Spengler*. Prosa.

19 *Wallfahrtsstätten der Nation*. Nationaldenkmäler.

20 O. K. Werckmeister: *Ende der Ästhetik*. Essays.

21 Antonio Gramsci: *Briefe aus dem Kerker*. Hrsg. und aus dem Italienischen übertragen von Gerhard Roth.

22 Kurt Jürgen Huch: *Einübung in die Klassengesellschaft*.

23 Jakov Lind: *Israel. Rückkehr für 28 Tage*. Aus dem Englischen von E. Tranger.

24 Dragoslav Mihailović: *Als die Kürbisse blühten*. Erzählung. Aus dem Serbischen von Peter Urban.

25 Tomaž Šalamun: *Ein Stengel Petersilie im Smoking*. Gedichte. Aus dem Slovenischen von Peter Urban.

26 Gerhard Zwerenz: *Der plebejische Intellektuelle*. Essays.